Karl Wallner

Sieben mal sieben Gedanken für Sinnsucher

Inhalt

Vorwort

Ich habe das Gefühl, dass viele Menschen instinktiv spüren, dass ihnen etwas fehlt. Alles ist ja ganz schön, äußerlich gesehen geht es uns gut. Wenn da nicht dieser Stress wäre, dieses Laufen und Rennen, dieses Suchen und Hetzen … Das Leben ist schön, aber alles rinnt so schnell dahin. Wie wäre es also, wenn Sie mal einen kleinen Zwischenstopp einlegen? Wer dauernd läuft, ist irgendwann außer Atem. Man sollte aber nicht nur deshalb stehen bleiben, um durchzuatmen und Kraft zu schöpfen, sondern auch, um die Orientierung zu behalten.

Der heilige Augustinus († 430) war in seiner Jugend ein Getriebener. Was ihn so unruhig gemacht hat, war die Frage nach dem letzten Sinn. „Woher komme ich? Wohin gehe ich? Was ist das Ziel des Lebens?“ Augustinus hatte Glück, denn er wurde von der Kraft des christlichen Glaubens eingeholt und heimgeholt. Nachdem er Christ und schließlich sogar Bischof geworden war, rief er in einer Predigt seinen Zuhörern zu: „Bene curris! Sed extra viam!“ – „Du läufst sehr gut! Aber leider außerhalb des Weges!“

Nur zu laufen ist zu wenig, man sollte auch einmal innehalten und überlegen, wohin die Reise geht. Sonst passiert uns das, was ich unlängst über einen Pferdeparcours in England gelesen habe: An einem Graben kamen gleichzeitig zwei Reiter mit ihren Pferden zu Fall. Einem der Jockeys gelang es, sich blitzschnell aufzurappeln und aufs Pferd zu schwingen. Er galoppierte dem anderen davon und erreichte tatsächlich als Erster das Ziel. Sieger wurde er trotzdem nicht. Er hatte nämlich in der Eile das falsche Pferd erwischt!

Die Zahl Sieben ist für uns Christen eine heilige Zahl. In der Symbolik der Alten setzt sie sich aus der Zahl drei für Gott und vier für die Welt zusammen, da diese aus vier Elementen besteht. Sie ist die Zahl der Vollendung, da Gott am siebten Tag von seinem Schöpfungswerk ausruhte und Christus seiner Kirche sieben Sakramente geschenkt hat und der Heilige Geist sieben Gaben in diese Welt trägt. Mit Fülle haben diese meine sieben mal sieben Gedanken aber nichts zu tun. Sie sind nur einfache Überlegungen zum Innehalten und Durchatmen. Und zum Nachdenken. Das Leben ist zu kurz, als dass wir es uns leisten könnten, nicht darüber nachzudenken, ob wir in die richtige Richtung laufen und ob wir dabei auch auf dem richtigen Pferd sitzen.

Da ich mit Begeisterung Christ bin, noch dazu katholischer Priester und Mönch in einem fast 900 Jahre alten Kloster, bitte ich um Verständnis, dass für meine Antworten auf die Frage nach dem Sinn des Lebens gilt: „Warum in die Ferne schweifen, wenn das Gute doch so nah!“ Ehrlich gesagt tut es mir weh, dass heute zwar viele Menschen hier in unserem „christlichen Europa“ nach Antworten suchen, dass sie diese aber kaum oder viel zu wenig im christlichen Glauben suchen. Es tut mir weh, dass die spirituelle Kraft des Christentums nicht genutzt wird und man lieber exotischen, bisweilen sogar skurrilen Angeboten zur Sinnfindung nachläuft. Warum derartig in die Ferne schweifen, wenn das Gute doch so nahe liegt? Das Christentum hätte sicher keine 2000 Jahre lang überlebt und würde heute nicht so stark außerhalb Europas in Blüte stehen, wenn der Glaube nicht tiefe und aufbauende Antworten für das Lebensglück des Menschen bereithielte. Ich kann Ihnen versichern: Ich bin nicht deshalb Christ, weil ich Masochist bin, sondern weil mich dieser Glaube glücklich macht. So lade ich Sie in diesen sieben mal sieben Gedanken auch ein Stück weit in mein Leben und meine Seele ein, um Ihnen zu erzählen, was mir selbst Sinn und Ziel, Halt und Kraft gibt.

Stift Heiligenkreuz, im Juli 2011

1. DAS LEBEN IST SCHÖN

01 – Harmonie

Wir Menschen brauchen Harmonie, weil wir so komplizierte Wesen sind. Harmonie entsteht aus dem Zusammenfügen von Gegensätzlichem; Harmonie ist das Zusammenklingen des Verschiedenen. Harmonie ist ein Geschenk, weil sie uns in unseren vielschichtigen Bedürfnissen die Erfahrung von Glück und innerem Frieden schenkt.

Es gibt drei Schichten in unserer Harmonieerfahrung: die sinnliche, die zwischenmenschliche und die religiöse. Man kann auch nur auf einer Ebene Harmonie erfahren. So geht es mir etwa, wenn ich als Mönch in meinem uralten Kloster – Heiligenkreuz im Wienerwald – unsere mittelalterliche Abteikirche betrete: die Symmetrie der aufstrebenden Säulen, dazu der Duft des Weihrauches und dann noch die stimmungsvollen Klänge des Gregorianischen Chorals – all das löst bei mir ein Gefühl von Geborgenheit und innerer Weitung aus. Doch das ist nur die sinnliche Ebene.

Wahre Harmonie braucht auch das Zusammenstimmen mit anderen Menschen, die personale Harmonie. Sie ist das größte Geschenk, denn Freundschaft, Partnerschaft und das Gefühl, von anderen geliebt zu werden, sind etwas Unverfügliches. Wir sind nur dann glücklich, wenn wir uns eins mit einem anderen Menschen, mit dem Ehepartner, mit Freunden oder Gleichgesinnten wissen – und doch können wir das nicht einklagen. Es ist ein freies Geschenk. Menschliche Liebeserfahrungen sind toll, als Gläubiger bezeuge ich aber, dass es noch etwas viel Größeres gibt, das uns innerlich aufbaut: Das ist das Einssein mit Gott. Zu wissen, dass ich von Gott gewollt, geleitet und geliebt werde, macht mich glücklich. Wenn ich in unserer erhabenen Abteikirche beim Gebet stehe, inmitten dieser himmelstrebenden Architektur; wenn ich mir dann auch noch bewusst werde, welche Gnade es ist, mein Leben mit Mitbrüdern teilen zu dürfen, die dasselbe große Ziel wie ich haben (und mit denen ich übrigens sehr gut auskomme), und wenn mir dann noch der Gedanke an Gott aufleuchtet, der bei mir und in mir ist, dann erlebe ich „Harmonie total". Da hebe ich ab, da bin ich glücklich. Ich wünschte, dass mehr Menschen meine Erfahrung eines wunderbaren Zusammenklangs von sinnlicher Erfahrung, zwischenmenschlicher Geborgenheit und göttlicher Nähe machen dürfen.

02 – Freude

Als Christus geboren wurde, rief der Engel den schlafenden Hirten über Bethlehem zu, dass sie sich nicht zu fürchten hätten: „Fürchtet euch nicht! Ich verkünde euch eine große Freude!“ (Lukasevangelium 2,10) Aber Hand aufs Herz: Wenn man heute Menschen fragte, was sie mit Begriffen wie „Christentum“, „Kirche“, „christlichem Glauben“ assoziieren, würde man eventuell sehr trübe Antworten erhalten: Die antikirchliche Propaganda hat hier ganze Arbeit geleistet, sodass unsere säkularisierte Welt bei Kirche und Glaube sofort in Assoziationen wie Hexenverfolgung, Kreuzzüge und Zölibat abgleitet. Aber das Christentum ist vor allem eine Bewegung der Freude. Zweimal im Jahr feiern wir diese Freude auch explizit liturgisch: Am vierten Sonntag der siebenwöchigen Fastenzeit, also dann, wenn die Halbzeit der Vorbereitungszeit hin auf das große Auferstehungsfest überschritten ist, lautet der Introitus „Laetare“, „Freuet euch!“. Und am dritten Sonntag der vierwöchigen Adventszeit ruft uns der Introitus das Pauluswort zu: „Gaudete in Domino semper, iterum dico, gaudete. Dominus enim prope est, nihil solliciti sitis.“ – „Freut euch im Herrn zu jeder Zeit! Noch einmal sage ich: Freut euch! … Der Herr ist nahe.“ (Philipperbrief 4,4) Diese Worte hat Paulus aus dem Gefängnis an die Philipper geschrieben. Für uns Österreicher ist die Einladung „Gaudete“ besonders anziehend, denn in unserem Deutsch weckt es eine eigene Assoziation: Das österreichische Wort „Gaudi“ (das es auch

im Bayrischen gibt) bezeichnet ein ausgelassenes Treiben, einen Jux, eine Hetz. „Gaudi" kommt von „gaudium", „Freude". Liturgiegeschichtlich waren es dann tatsächlich die südlichen deutschen Länder, die sich eine „Gaudi" machten und am dritten Advents- und am vierten Fastensonntag die strenge violette Farbe mit einem verspielten Rosa vertauschten.
Ich will Sie nicht mit liturgischen Details langweilen, sondern worauf ich abziele, ist, Ihnen zu sagen, dass die Welt ein Vorurteil gegen den christlichen Glauben hat, das durch nichts begründet ist: Christsein sei eine todernste Angelegenheit. Wir dürfen in der Kirche, und auch im Kloster und in unseren Pfarrgemeinden, das Fröhlichsein nicht vergessen, sondern wir sollen die Freude aus der Tiefe zu einem Lächeln an der Außenseite unseres Ich aufsteigen lassen. Wir Christen wissen, dass die Freude, dass das Lachen über die Schönheit des Lebens etwas Heiliges ist. Gott selbst ist es, der uns Christen allen Grund zur Freude gibt. Darum ist es so schön, katholisch zu sein. Ich möchte mit Paulus schließen: „Gaudete in Domino semper! Freut euch im Herrn zu jeder Zeit, noch einmal sage ich euch: Freut euch!" (Philipperbrief 4,4)

03 – Gekränkt sein macht krank

„Liebe deine Feinde!“, sagt Christus. Ich bin Priester, ich bin Ordensmann, also möchte ich das Christsein ganz ernst nehmen. Aber ich gestehe Ihnen, dass mir das Gebot der Liebe ordentlich schwerfällt. Das Evangelium verpflichtet mich, alle Menschen zu lieben. Aber mir geht es wie wohl den meisten Menschen: Das gelingt mir nur sehr schlampig. Ja kann man denn überhaupt so total lieben, wie Christus das fordert? Da gibt es doch in meinem Leben immer wieder Menschen, wo ich mir denke: Den kann ich einfach nicht „lieben“. Weil er mir unsympathisch ist oder weil er mich verletzt oder gekränkt hat …

Gutsein zu anderen ist anstrengend. Wir müssen um die Liebe mit uns selbst kämpfen. Ob wir dabei Erfolg haben, soll Gott beurteilen. Wichtig ist, denke ich mir, dass ich den Kampf nicht aufgebe. Wenn ich mir auch schwertue damit, ich möchte trotzdem versuchen, mein Leben lang um die Liebe zu kämpfen. Aber man braucht dazu auch Hilfe. Denn im Kampf um die Liebe kann man schnell verwundet werden.

Jeder von uns weiß, wie weh es tun kann, wenn man von einem Menschen, den man vielleicht sogar gerne hat, gekränkt wird. Jeder von uns trägt solche Verletzungen mit sich herum. Der Ausdruck „gekränkt“ verrät aber sehr viel:

Wer gekränkt ist, ist in Gefahr, „krank“ zu werden, weil er verwundet worden ist.
Sogar in einem Kloster geht es nicht ohne gegenseitige Verletzungen ab: Da leben verschiedene Charaktertypen, jeder hat sein eigenes Temperament, seinen eigenen Kopf. Wir sind eben normale Menschen wie andere auch, und deshalb kommen Kränkungen auch unter Priestern und Ordensleuten vor. Der heilige Benedikt († 547) gibt uns in seiner Regel ein Heilmittel gegen solche Kränkungen. Es stammt aus der Bibel, von Jesus selbst. Es lautet ganz einfach: verzeihen! Benedikt sagt: „Noch vor Sonnenuntergang“ Frieden schließen. Wenn wir mit Traurigkeit oder mit Rache- und Vergeltungsgedanken reagieren, machen wir uns selbst krank – verzeihen aber heilt!
Das Entschuldigen ist aus der Mode gekommen. Natürlich ist Entschuldigen unangenehm! Aber ehrlich gesagt: So tragisch ist es auch wieder nicht. Das ehrliche „Entschuldige bitte“ tut nicht weh und kostet nichts – und: es hilft uns zu einem frohen Leben miteinander. Gemeinschaft kann nur gelingen, wenn jeder bereit ist, sich zu entschuldigen. Gönnen wir unserer Seele, unseren Familien und Gemeinschaften doch diese Form von Heilung, indem wir wieder lernen, uns zu entschuldigen, wenn wir etwas falsch gemacht haben.

04 – Nimm dich an

Jeder Mensch hat seinen Charakter. Man kann sich nicht aussuchen, ob man ein Phlegmatiker, ein Sanguiniker, ein Melancholiker oder ein Choleriker ist. Für jeden ist der Charakter zugleich eine Gabe und eine Aufgabe. Ich bin ein Choleriker, und das ist eine große Aufgabe! Ich kann mich über Fehler von anderen furchtbar aufregen. Zwar bin ich die meiste Zeit in erträglicher Ruhe, vielleicht auch eine Folge des zunehmenden Alters, aber dann kann es zu regelrechten Explosionen kommen. Meine Mitbrüder kennen das inzwischen schon und ertragen es mit stoischer Geduld. Vielleicht ist dieses cholerische Temperament auch ein Grund, warum ich mich im Christentum so wohl fühle. Wenn man die Bibel liest, dann stellt man ja fest, dass weder Jesus noch die Apostel „Waserl“ gewesen sind. Im Gegenteil, das waren energische und temperamentvolle Menschen. Jesus zürnt, rügt, tadelt, neckt, debattiert, ermahnt und kann sehr scharfe Ausdrücke verwenden. Wenn er die Pharisäer und Schriftgelehrten „Schlangenbrut und Natterngezücht“ nennt, dann sind das sicher keine kuscheligen Koseworte.

1988 durfte ich einen Nachmittag lang Mutter Teresa von Kalkutta begleiten. Sie war ganz eindeutig eine Heilige und strahlte so sehr die Liebe aus, dass man das fast physisch spüren konnte. Aber ich habe auch erleben dürfen, wie Mutter Teresa kurzfristig explodiert ist, weil etwas nicht funktioniert hat. Ihre Fürbitte rufe ich seither noch lieber an, weil sie mir auch menschlich so nahe steht. Und mein Lieblingsheiliger ist der heilige Paulus, da er in seinen Schriften durchaus mit Eifer losschimpfen kann, wenn er etwas Wesentliches vom Glauben an Jesus Christus gefährdet sieht.

Es ist klar, dass Zorn an sich keine Tugend ist. Zugleich aber ist es falsch, wenn man meint, dass es die höchste Tugend für den Christen darstellt, ein emotionsloser Waschlappen zu sein.

Ich war sehr froh, als ich entdeckte, dass ich kein abgeklärter Stoiker werden muss, um ein guter Christ zu sein. Ich darf Emotionen haben. Freilich muss ich mich auch der Aufgabe stellen, mich nicht restlos diesen Emotionen auszuliefern. Ein Melancholiker muss daran arbeiten, dass er nicht in Weltschmerz und Verzagtheit versinkt; ein Phlegmatiker muss sich immer wieder einen Ruck geben, um sein Leben energisch anzugehen; ein Sanguiniker wird sich immer wieder prüfen müssen, ob er nicht zu oberflächlich und lustig dahinlebt. Und als Choleriker hat man die Aufgabe, seinen Ausbrüchen zu widerstehen. Im Epheserbrief schreibt Paulus, der selbst ein Zornbinkel war: „Lasst euch durch den Zorn nicht zur Sünde hinreißen!" (Epheserbrief 4,26) Wenn ich es zum Beispiel nicht schaffe, rechtzeitig meine zornige Zunge im Zaum zu halten, dann muss ich nachher zumindest den Mut und die Demut aufbringen, mich zu entschuldigen. Und den lieben Gott muss ich bitten, dass er den anderen so stimmt, dass er die Entschuldigung auch annimmt. Egal, welchen emotionalen Unterbau jemand hat: Im christlichen Glauben findet jeder Hilfe, um mit seinem Charakter besser fertig zu werden.

05 – Dankbarkeit

Ein kluger Theologieprofessor hat einmal das Wort gesagt: Wenn die Welt einen Schnupfen hat, dann bekommt die Kirche gleich eine Grippe. Tatsächlich spiegeln sich viele Phänomene aus dem weltlichen Bereich verstärkt in der Religion wider. Die Gläubigen sind ja immer Kinder ihrer Zeit. Mein Kloster Heiligenkreuz liegt ein wenig gegen den Trend, bei uns kommen in den letzten Jahren immer mehr Menschen in die Gottesdienste. Aber ansonsten höre ich die Klagen vieler Priester, dass sie sich zwar bemühen, dass aber trotzdem immer weniger Menschen in die Kirche kommen, um an den Sonn- und Feiertagen die heilige Messe mitzufeiern. Ich war selbst lange Zeit Pfarrer und habe viel darüber nachgedacht. Warum bedeutet der Gottesdienst immer weniger Menschen etwas? Vielleicht, so möchte ich hier mutmaßen, hängt es mit einem Phänomen zusammen, das man im weltlichen Leben feststellen kann: Das ist der Verlust der Dankbarkeit.

Als Kind habe ich noch von meinen Eltern gelernt, wie wichtig es ist, „bitte“ und „danke“ zu sagen. Ich weiß natürlich, dass diese Höflichkeiten heute noch nicht ausgestorben sind – aber ich habe das Gefühl, dass sie immer schwächer werden. Und das ist nicht nur eine Folge der Erziehung, sondern auch eine Folge geänderter Lebenseinstellungen: Wir erachten vieles als selbstverständlich und leben in dem Gefühl, dass wir nicht zu bitten und zu danken hätten, weil es uns ohnehin „zusteht“. Diese Mentalität spielt dann auch in unsere Gottesbeziehung hinein. Wir übersehen, dass der Ursprung unseres Lebens, unserer Gesundheit, unseres Glücks, unseres Wohlstands … in Gott liegt.

Unsere Gottesdienste – gerade die Messe am Sonntag – sind aber genau dazu da, dass wir dem lieben Gott für all das danken, was er uns Gutes tut. Die heilige Messe wird mit einem theologischen Fachwort auch „Eucharistie“ genannt. Es kommt aus dem Griechischen. Die Vorsilbe „eu“ heißt „gut“. Das ist für uns Österreicher deshalb bemerkenswert, weil in unserer Sprache der Ausruf „Eu!“ oder

„Oje!“ das genaue Gegenteil besagt: „Oje“ heißt, dass etwas schiefgegangen ist, dass ich etwas für misslungen halte. Für die Griechen hingegen heißt „eu“ so viel wie „super“, „toll“, „wunderbar“. Wir kennen die Silbe „Eu“ auch aus dem Wort „Evangelium“. Das setzt sich aus „Eu“ und „Angelion“ zusammen und heißt so viel wie „Gute Nachricht“, „Frohe Botschaft“. Das zweite Wort, das in „Eucharistie“ steckt, ist „charis“, das heißt wörtlich „das Geschenk“, „die Gabe“. Unser katholischer Gottesdienst heißt deshalb „Eucharistie“, weil wir hier für das „gute Geschenk“ danken, das Gott uns gemacht hat.

Viele stöhnen: Warum soll ich zum Gottesdienst gehen? Ich befürchte, dass mittlerweile auch viele Kirchenbesucher die schiefe Mentalität entwickelt haben, als müsse der liebe Gott sich bei ihnen bedanken, dass sie sich Zeit für ihn genommen haben, und nicht umgekehrt … Gott braucht unsere Gebete aber nicht, er lauert im Himmel nicht darauf, dass wir uns dazu herablassen, an ihn zu denken. Im Gegenteil: „Gottesdienst“ ist weniger „unser Dienst an Gott“ als vielmehr „Gottes Dienst an uns“. Denn: Warum lebe ich? Wem verdanke ich meine Gesundheit, mein Glück, meine Freude? Und: Wer schenkt mir ewiges Leben? Im Letzten ist das doch Gott. Und dafür danken wir: Das allergrößte Geschenk Gottes ist Jesus, der für uns gestorben und auferstanden ist: Daher ist jede Eucharistiefeier eine Dankeschönfeier an den lieben Gott. Ein neues rhythmisches Lied bringt es auf den Punkt: „Sing mit mir ein Halleluja, sing mit mir ein Dankeschön. Denn im Danken, da liegt Segen, und im Danken preis ich ihn."

06 – Tua di net owa!

Wir sind leider so veranlagt, dass wir an unseren Mitmenschen oft nur das Negative sehen. Wir sind wie fixiert darauf, bei unseren Nachbarn und Kollegen, ja selbst bei den Menschen, die wir lieben, immer nur das Dunkle und Verkehrte zu bemerken. Dabei leiden wir ja eigentlich unter uns selbst, wenn wir immer nur das Negative an anderen sehen.

An unserer Hochschule in Heiligenkreuz studierte vor einigen Jahren ein Priesterstudent aus Bayern, der vor seiner Berufung Fleischhauer war. Aus seinem früheren Beruf hatte er eine beeindruckende Rundlichkeit mitgebracht, nicht nur in seinen Körperformen, sondern auch in Bezug auf seine stets heitere Seele. So gut wie nichts konnte ihn aus der Ruhe bringen. Sein Optimismus wirkte sich auf das Seminarleben aus, denn wenn Kirchenleute zusammensitzen, dann geht es oft sehr schnell um „die anderen" in der Pfarre, in der Kirche, in der Welt und gleich im Kosmos insgesamt. Da gibt es so viel zu kritisieren, so viel zu beklagen. Wenn in Gesprächen eine solche Situation des Jammertals entstanden war, dann hatte dieser Priesterstudent, der mittlerweile ein gestandener Pfarrer ist, den interessanten Spruch parat: „Tuat's euch net owa!" Wörtlich heißt das: „Tut euch nicht hinunter", also: Macht euch nicht selbst fertig. Zieht euch nicht selbst hinunter. Bei uns im Österreichischen sagt man: „Tu dir nix an!" Aber das Bayrische „Tua di net owa" gefällt mir besser. Es entlarvt nämlich das Wesen des Kritisierens und Lamentierens: Man zerstört dadurch seine eigene Lebensfreude, man „tut sich selbst hinunter", indem man das Niveau des eigenen Lebensglücks absenkt.

Wer positiv denkt, der wird auch positiv reden. Ich empfehle, einmal die Bibel in die Hand zu nehmen und dort das dritte Kapitel des Jakobusbriefes nachzulesen. Dort geht es um die „böse Zunge", die uns ja alle plagt. Gemeint ist natürlich unsere eigene Zunge, die oft Böses redet. In diesem Brief heißt es: „Einerseits preisen wir mit der Zunge den Herrn und Vater, und andrerseits verfluchen wir mit ihr die Menschen, die als Abbild Gottes erschaffen sind. Aus ein und demselben Mund kommen Segen und Fluch." (Jakobusbrief 3,9–10) Das Schlecht-Reden über andere ist ein zweischneidiges Schwert: Weil wir dadurch nicht nur dem anderen etwas an Ehre abschneiden, sondern auch

uns selbst ins eigene Fleisch schneiden. Menschen, die negativ reden und denken, sind nicht beliebt.
Uns Christen ist es natürlich auch nicht aufgetragen, nur mit einer rosaroten Brille durchs Leben zu laufen. Wir dürfen Realisten bleiben. Es ist uns erlaubt, Schwarz Schwarz zu nennen und Weiß Weiß. Ich möchte Sie keineswegs dazu einladen, naiv und blauäugig das Negative zu übersehen. Doch wenn wir bei anderen auf etwas Falsches stoßen, dann sollen wir zugleich nachdenken, ob es nicht auch etwas Gutes und Gelungenes gibt. Suchen wir nach der schönen Seite im Mitmenschen. Fragen wir uns: Wofür kann ich Gott selbst an diesem Menschen danken?!

07 – Freundschaft

Hand aufs Herz: Wie ist das mit der echten, ehrlichen, aufrichtigen Freundschaft? Das ist zunächst etwas von Herz zu Herz, vom Ich zum Du – also etwas, das die Personenmitte von jedem von uns betrifft. Freundschaft ist eine der tiefsten Formen von menschlicher Beziehung. Es gibt viele „vorpersonale" Formen des Zusammengehörigkeitsgefühls, die auch wichtig sind, die man aber noch nicht als „Freundschaft" bezeichnen kann: zum Beispiel als Belegschaft in einer Firma, als Mannschaft in einem Sportverein, als Kameraden bei Freizeitaktivitäten, als Kumpel am Stammtisch usw. In all dem bewirkt das Gruppeninteresse eine Art von Bindung. Die Gruppe ermöglicht zwar durch die gleiche Orientierung der Interessen ein Gefühl von Gemeinschaft, aber das ist noch nicht unbedingt Freundschaft. Nochmals: Wahre Freundschaft gibt es nur zwischen einem Ich und einem Du und ist etwas höchst Personales; sie ist deshalb etwas, das wir nicht herstellen und produzieren können. Der einzige Weg, einen guten Freund zu haben, ist der, selbst einer zu werden.

Zur guten Freundschaft gehört, dass sie zuerst das Glück des anderen will, erst dann kommt mein Eigeninteresse. Deshalb muss ich bereit sein, mich selbst in die Beziehung zu investieren. Ohne darauf zu schielen, etwas für mich herauszubekommen. Wir nennen das Hingabe. Das ist übrigens jene Freundschaft, die niemand Geringerer als Christus uns Menschen angeboten hat. Und zwar in der radikalsten Weise, die möglich ist: Er ist für uns gestorben. Jesus sagt in der Nacht vor seinem Tod zu den Menschen, die ihn wenige Stunden später verraten werden, das Wort: „Ich habe euch Freunde genannt“ (Johannesevangelium 15,15). Jedes Kreuz auf unseren Kirchtürmen, in unseren Wohnungen oder um unseren Hals erinnert uns daran, dass Gott uns durch seine Hingabeliebe zu seinen Freunden zählen will.

Freundschaft ist immer wechselseitig. Aber sie muss bereit sein, Enttäuschungen und Frustrationen durchzustehen. Ja, es gehört dazu, dass man sich manchmal „ausnützen" lässt. Die Bibel nennt ein einfaches Kriterium, wie man die geheuchelte von der echten Freundschaft unterscheiden kann: Das ist das Verhalten in der Not, wenn man vom anderen wirklich keinen Nutzen hat. Den Freund erkennt man gerade nicht im Glück, sondern in der Not (Jesus Sirach 12,8). Das ist eine allgemeine menschliche Erkenntnis. Seine wahren Freunde kennt nur der, der einmal im gesellschaftlichen oder finanziellen Out gestanden hat.

Es gibt aber auch Grenzen der Freundschaft. Wehe, wenn der Freund zum Verführer wird, warnt schon das Alte Testament (Deuteronomium 13,7). Man muss sich deshalb seine „Freunde" gut anschauen, da „manche Freunde ins Verderben führen" (Sprüche 18,24). Im Gesellschaftsgefüge kann Freundschaft schnell zur „Freunderlwirtschaft" verkommen. Einen guten Freund wird man auch daran erkennen, dass er sich traut, ein Wort der Korrektur zu sagen. Freundschaft ist gegenseitige Erziehung zum Guten.

Ein guter Freund ist durch nichts zu ersetzen. Wenn man jung ist, dann hat man das Gefühl, dass man sich mit der ganzen Welt befreunden kann. Wenn man älter wird, weiß man, dass das Gegenteil der Fall ist. Wahre, echte Freunde, treue Freunde sind extrem selten – und entsprechend wertvoll! Ein guter Freund ist ein Geschenk Gottes. Das habe ich in meinem Leben schon oft erfahren. Aber Geschenke muss man in Ehren halten. Und man muss Gott, der einem gute Freunde geschickt hat, dankbar sein. Ich kann hundertprozentig bestätigen, was in der Bibel steht: „Ein treuer Freund ist eine starke Stütze, wer einen solchen gefunden, hat ein Vermögen gefunden. Für einen treuen Freund gibt es keinen Preis, und nichts wiegt seinen Wert auf. Wie Lebensbalsam ist ein treuer Freund; die den Herrn fürchten, finden ihn. Wer den Herrn fürchtet, hält rechte Freundschaft, denn wie er selbst, so ist auch sein Freund." (Jesus Sirach 6,14–17)

2. SUCHEN UND FINDEN

08 – Sinn finden

Alle die Probleme, die die Generationen vor uns hatten, haben wir nicht: Wir leiden keinen Hunger, wir haben keinen Krieg, wir haben eine optimale Gesundheitsversorgung, unsere Länder sind reich. Aber wir sind nicht wirklich zufrieden. Da gibt es irgendwie und irgendwo in uns das Gefühl: Das kann doch nicht schon alles sein?

Freilich: Die wenigsten Menschen nehmen sich Zeit, einmal innezuhalten und nachzudenken. Und zwar nicht nur über die Kleinigkeiten des Alltags: Was soll ich morgen kochen? Wohin fahren wir heuer in Urlaub? Was mache ich mit dem Geld vom abgelaufenen Bausparvertrag? Das sind Kleinigkeiten, die jeden von uns auch innerlich beanspruchen. Man kann sich mit solchen Banalitäten ziemlich stressen. Man verplempert damit auf jeden Fall viel Zeit, und manchmal will man das ja auch, weil man es gar nicht zulassen will, dass die großen Fragen des Lebens in einem aufsteigen: Wozu lebe ich? Was mache ich mit meinen verbleibenden Lebensjahren? Welche Ziele habe ich noch vor mir? Woher komme ich eigentlich? Wie gehe ich damit um, dass die Zeit so schnell verrinnt? Viele Menschen verdrängen diese substanziellen Fragen vielleicht auch deshalb, weil sie Angst haben, dass es keine Antwort gibt. Vor solchem Verdrängen und Verschieben möchte ich intensiv warnen: Wer nicht sucht, der findet auch nicht. Vor allem aber gibt es Situationen, wo sich solche weggeschobenen Fragen mit einer erdrückenden Wucht vor einem aufbauen können. Wenn man einen lieben Menschen verliert, eine schwere Enttäuschung erfährt, wenn man die Diagnose einer lebensbedrohenden Krankheit erhält …

Ich komme aus einem kleinen Dorf namens Wampersdorf an der Grenze zwischen Niederösterreich und Burgenland. Das Beste an meinem Heimatdorf ist, dass es in der weiten Wiener Ebene liegt. Die offene Weite vermisse ich etwas, seit es mich in das Stift Heiligenkreuz verschlagen hat. Der hügelige Wienerwald ist sicherlich auch reizvoll, aber hier vermittelt die Landschaft nicht das Gefühl eines unendlichen Horizonts wie zu Hause. Hier in diesem Tal des Wienerwalds ist die Sonne auf einmal verschwunden, in der Ebene hingegen glichen die langsamen Sonnenuntergänge einem Versprechen von himmelweiter Ewigkeit. Ich meine, dass wir heute alle eine Weitung des Horizonts brauchen. Wer den Blick nur auf das Irdische richtet, der bleibt niedrig in seinem Denken und bodenschwer in seinem Tun. Wir müssen die Augen unserer Seele wieder zum Himmel erheben.

Man kann sich im Leben viele Ziele setzen; man kann sich selbst einen Lebenssinn zusprechen: für die Familie leben, für den Beruf, für den nächsten schönen Urlaub, für jemanden, den man liebt, usw. Es gibt so viele schöne Dinge und Erlebnisse und Begegnungen und Ziele, die sinnstiftend sind. Sie unterliegen aber alle dem Gesetz der Vergänglichkeit. Ist es nicht bei vielen Dingen so: Was man gestern noch heiß herbeigewünscht hat, ist morgen oftmals schon wieder bedeutungslos für das eigene Lebensglück.
Ich bin ziemlich sicher, dass wir unglücklich werden, wenn uns nicht klar wird, dass es hinter all den kleinen Lebenszielen, die wir uns selbst stecken können, ein größeres, umfassenderes Ziel gibt. Gleichsam eine Klammer, die erst die Gesamtheit unseres Lebens zu einem sinnvollen Ganzen zusammenfasst. Die Einsicht, dass es einen letzten großen Sinn gibt, ist immer ein Geschenk. Wir Menschen sind Suchende nach dem Letzten, aber zugleich ist es auch so, dass der letzte Sinn – also Gott – nach uns sucht. Wir sind Suchende und Gesuchte.
Alle vier Evangelien erzählen von der Gnade des Anfangs, als eine Gruppe von Fischern am Seeufer von Galiläa ihrer Arbeit nachgeht. Diese Menschen suchen das kleine Ziel, verfolgen den notwendigen Lebenssinn, sich selbst und ihre Familien zu ernähren. Und dann steht da plötzlich ei-

ner und sagt das Wort: „Folge mir nach!“ Sie lassen alles liegen und stehen und folgen dem, der sich als göttlicher Weg, sinnstiftendes Leben und letzte Wahrheit deklarieren wird. Mit dem heiligen Augustinus kann man die Szene auf den Punkt bringen: Während die Männer fischen, werden sie selbst „gefischt“. Und so ist es doch auch mit unserem Lebenssinn: Wir müssen suchen und streben – aber letztlich ist es ein unverfügliches Geschenk, wenn wir erkennen, warum und wozu wir leben und worin unser letztes Ziel besteht. Ich danke dem lieben Gott, dass er mich „gefischt“ hat; es ist das Beste, das mir passieren konnte.

09 – In den Himmel will ich kommen

Das Wort „Himmel“ ist mir schon in meiner Kindheit in seiner ganzen Schönheit aufgeleuchtet. Die geistlichen Schwestern, die den Kindergarten bei uns in Wampersdorf betreuten, haben uns ein Gebetlein in Versform beigebracht: „In den Himmel will ich kommen. | Fest hab ich mir's vorgenommen. | Mag es kosten, was es will. | Für den Himmel ist mir nichts zu viel!“ Von da an war mir klar: Der Himmel muss etwas ganz Tolles sein! Und das ist er auch: Wir Christen verstehen unter „Himmel“ die unmittelbare Nähe zu Gott. Zum Himmel gehört immer so etwas wie Ferne und Unerreichbarkeit. Darum nennen wir ja auch das, was wir sehen, wenn wir unseren Blick nach oben richten, „Himmel". Himmel ist das Große, das Weite, das Unermessliche ... Das entscheidend Christliche der Himmelshoffnung ist nun, dass wir nicht nur einen glücklichen „Zustand" erwarten. Der Himmel ist nicht einfach irgendein Glücksgefühl. Die Heilige Schrift sagt, dass wir Gott schauen werden „von Angesicht zu Angesicht" (1. Korintherbrief 13,12). Der heilige Augustinus hat den lateinischen Begriff „fruor" geliebt, um den Himmel zu beschreiben. Das heißt „genießen". Was den Himmel so genussvoll macht, das ist die erfüllte Beziehung zu Gott. Und das wird unsere Ewigkeit sein. Herrlich!

Dank an meine geistlichen Kindergartenschwestern! Das Gebetlein hat den neugierigen Wunsch nach dem Himmel in meinem Herzen geweckt. Die Kinderverse helfen mir, mich über meine Sünden und Lebensniederlagen hinwegzukämpfen, weil sie mir das große Ziel vor Augen halten: „In den Himmel will ich kommen. | Fest hab ich mir's vorgenommen. | Mag es kosten, was es will. | Für den Himmel ist mir nichts zu viel!" Ich lebe wahnsinnig gerne, ich finde das irdische Leben unglaublich schön. Aber mit Blick auf meinen Heiland, auf sein Kreuz und seine siegreiche Auferstehung glaube ich ganz fest, dass mich etwas noch viel Schöneres erwartet.

10 – Gut sterben

Ich möchte Ihnen hier einige persönliche Erfahrungen mit dem Sterben schildern. Schon als junger Mönch hatte ich die Freude, vom damaligen Senior des Klosters, dem hochgeachteten Stiftsarchivar Professor Hermann Watzl, der sonst ein eher scheuer Mensch war, geschätzt zu werden. Wir verstanden uns. Bei den Hilfsarbeiten für den 86-Jährigen im Archiv spürte man bald, wie seine Kräfte nachließen, langsam, aber kontinuierlich: Zuerst konnte er keine weiten Strecken mehr gehen, nur mehr in die Kirche zur Feier der Messe; bald konnte er das Zimmer nicht mehr verlassen; dann folgten die Bettlägerigkeit und die Gewissheit des Abschieds. Wir Jungen wurden zur Nachtwache bei ihm eingeteilt. Für mich war das Eindrucksvollste, wie die Gemeinschaft im Kloster dieses Sterben begleitet hat. Menschliche Pflege: Natürlich. Vor allem aber dieses Abschiednehmen im Letzten: Wir versammelten uns alle, als er die Sterbesakramente, noch bei Bewusstsein, empfing. Wir brachten ihm täglich die heilige Kommunion. Und dann kam der Todeskampf. Die Konventglocke läutete, und wir eilten alle an das Sterbebett, dicht gedrängt in dem kleinen Zimmer beteten wir kniend die Sterbegebete: „Proficiscere anima christiana de hoc mundo!“ – „Brich auf, christliche Seele, aus dieser Welt im Namen Gottes des allmächtigen Vaters, der dich erschaffen hat, und im Namen Jesu Christi, des Sohnes des lebendigen Gottes, der für dich gelitten hat, und im Namen des Heiligen Geistes, der über dir ausgegossen ist … Heute ist dir in Frieden sein Platz bereitet und seine Wohnung im himmlischen Jerusalem steht für dich bereit." Und dann kam der letzte Atemzug, es war der 13. November 1986, das Fest aller Heiligen unseres Ordens. Es war für mich die erste und somit auch eindrucksvollste Erfahrung des christlichen Sterbens. „Selig die Toten, die im Herrn sterben." (Offenbarung 14,13)

Ähnlich habe ich es dann beim Sterben meiner beiden Großmütter und schließlich vor Kurzem beim Heimgang meines Vaters erlebt. Bei meinem Papa, der drei Jahre gegen den Krebs gekämpft hat, ist mir auch bewusst geworden, wie wichtig es ist, jemanden loszulassen. Mein Vater hätte noch so gerne die Goldene Hochzeit erlebt, er war ja mit meiner Mutter in den fast fünfzig Jahren, in denen sie eine christliche Ehe geführt haben, regelrecht zusammengewachsen: ein Paar, ein Team, ein „Leib", wie es die Bibel sagt. Er selbst ist ganz im Vertrauen auf den lieben Gott ins Sterben gegangen. Ich glaube, dass wir es waren, die ihn nicht loslassen wollten. Auch ich nicht, obwohl ich fest an den Himmel glaube und Priester bin … So einen Verlust, so eine Niederlage wollte ich nicht. So dauerte das

Sterben viele Tage, zu viele Tage; meine Mutter, meine Geschwister und unsere Verwandten, die sich liebevoll immer wieder am Sterbebett versammelten, miteinander weinten und beteten, waren schon fast am Ende ihrer Kräfte. Ich fuhr jeden Tag vom Kloster aus ins Spital – und konnte bald auch nicht mehr. Mein Vater war schon tagelang nicht mehr ansprechbar, es war zwar beruhigend, dass er keine körperlichen Schmerzen hatte, aber ebenso war es kaum zu ertragen, dass der erlösende Tod nicht und nicht kommen wollte. Da kam mir schließlich die Idee, das Büchlein mit den Sterbegebeten für uns Mönche mitzunehmen. Zur Mittagszeit traf ich am Sterbebett ein, und ohne dass wir uns verabredet hatten, kamen auch meine Schwester und mein Bruder dazu, Mama war ohnehin dauernd bei ihrem geliebten Ehemann. Und dann beteten wir gemeinsam alle diese kraftvollen Gebete der Kirche durch. Ich sagte zu meinem Vater: „Brich auf, christliche Seele!“ Mir wurde zum ersten Mal bewusst, dass das ja ein Befehl ist, eine Aufforderung, ein Auftrag. Es war vor allem unser großes Loslassen eines geliebten Menschen, das nur deshalb gelingen konnte, weil es wirklich ein gläubiges Loslassen in den Himmel hinein war. Wenige Stunden später hat die Seele meines Vaters diese Einladung angenommen und ist in den Himmel aufgebrochen.

11 – Das Fest der Ewigkeit

Ostern muss von uns Christen wieder viel intensiver gefeiert werden, denn Ostern ist unser höchstes Fest. Zu Weihnachten feiern wir „nur", dass Gott Mensch geworden ist; zu Ostern aber feiern wir, *warum* er Mensch geworden ist: um uns zu erlösen. Es geht also konkret um dich und mich! Christus ist ja nicht irgendwie gestorben, er ist einen grausamen und brutalen Leidenstod gestorben. Die Kreuzigung war die qualvollste Todesart, die man damals kannte. Wir müssen den Sinn des Kreuzes wieder besser begreifen, denn wir sind die Religion, deren Symbol das Kreuz ist. Jesus ist aus Liebe gestorben. Er hat das Folterinstrument in ein Heilszeichen umgewandelt. Lernen wir, das Kreuz zu lesen: Es verbürgt uns einen Gott, der nicht teilnahmslos und desinteressiert unserem menschlichen Elend zuschaut, sondern der selbst unser Leiden und Sterben auf sich genommen hat. Das Kreuz ruft uns zu: „Gott liebt dich. Gott ist dir immer nahe, gerade im Leiden. Gott wird dich aus Leiden und Tod herausholen."

Jesus ist auch nicht irgendwann gestorben, sondern zum Paschafest der Juden. In den meisten Weltsprachen wird daher „Ostern" nach diesem hebräischen Wort „Pascha" (sprich: Pas-cha) benannt: Die Lateiner und Griechen feiern „Pascha", die Italiener „Pasqua", die Franzosen

„Pâques", die Russen „Pascha", die Niederländer „Pasen" usw. Nur das deutsche „Ostern" und das englische „Easter" leiten sich leider von einer ominösen heidnischen Gottheit „Ostara" ab. Schade, denn das Wort Pascha besagt den Sinn des Leidens Christi. Das Paschafest war das große Fest des Lämmerschlachtens, das die Juden nur in Jerusalem feiern konnten, wo der Tempel stand. Deshalb zieht Jesus am Palmsonntag in Jerusalem ein, um dort als das „Lamm Gottes" zu sterben. Am Paschafest erinnerten sich die Juden des Auszugs aus Ägypten. Man gedachte der Nacht, als Gott die Israeliten vor dem Todesengel verschonte, weil sie sich in ihren Häusern zum Mahl eines Lammes versammelt und die Türpfosten mit dem Blut dieses Lammes bestrichen hatten. „Pascha" heißt wörtlich „Vorübergang", weil der Todesengel vorüberging. Das Paschalamm steht für die Rettung vor dem Tod.
Als daher Jesus am Vorabend des Paschafestes des Jahres 30 blutig am Kreuz hingerichtet wurde, begriff die junge Kirche sehr bald: „Als unser Paschalamm wurde Christus geopfert." So heißt es in einem gottesdienstlichen Ruf, den bereits Paulus zitiert (1. Korintherbrief 5,7). Das Osterlamm ist das älteste Christussymbol, weil das geschlachtete Lamm genau die Wirkung des Kreuzesleidens bezeichnet: Christus hat uns von den Sünden befreit, er hat uns

vor dem Tod, dem Getrenntsein von Gott gerettet. Daher zeigt der Priester bei jeder heiligen Messe die gebrochene Hostie und sagt dazu die Worte, mit denen Johannes der Täufer auf Jesus hingewiesen hat: „Seht das Lamm Gottes, das die Sünde der Welt hinwegnimmt." (Johannesevangelium 1,29) Ich meine: Wir müssen das wieder besser begreifen. Nehmen Sie sich einmal Zeit und lesen Sie in Ruhe die Kapitel 18 und 19 des Johannesevangeliums. Am Karfreitag wird diese Passionsgeschichte auch feierlich im Gottesdienst vorgetragen.
Mein Vorschlag für die Heilige Woche lautet: Lassen Sie sich durch die Mitfeier der Gottesdienste hineinnehmen in die „Mysterien" unserer Erlösung. Wie spannend ist doch die Liturgie der Kirche, die uns „zeitgleich" setzt mit den Ereignissen von damals: Jesu Abendmahl am Gründonnerstag, Jesu Leiden und Sterben am Karfreitag, Jesu Grabesruhe am Karsamstag, Jesu triumphales Auferstehen in der Osternacht und am Ostersonntag. Ostern ist das Fest der Ewigkeit, die schon begonnen hat.

12 – Weltuntergang morgen?

Beim großen Wechsel von 1999 auf 2000 hatte ich das Gefühl, dass die ganze Welt hysterisch war. Die Weltuntergangsstimmung wurde auch dadurch aufgeputscht, dass man uns ernsthaft weismachen wollte, die Computer würden weltweit den Wechsel vom 31. Dezember 1999 auf den 1. Januar 2000 nicht verkraften und abstürzen. Aus dieser nervösen Stimmung heraus haben wir damals in meinem Kloster die Idee geboren, den Silvesterabend betend und singend miteinander zu verbringen. Wir nannten das Ganze „Silvester alternativ". Es war ein voller Erfolg. Es wird mir für immer unvergesslich sein, wie sich die Menschen damals in jener letzten Stunde des vergangenen Jahrtausends kniend um den Altar drängten, um dann genau um Mitternacht den Segen mit dem Allerheiligsten zu empfangen.

Die Welt ist damals nicht untergegangen, und die Idee von „Silvester alternativ" hat sich mittlerweile weithin verbreitet und in vielen Ordensgemeinschaften und Pfarren Nachahmer gefunden. Das Motto von „Silvester alternativ" lautet mit dem heiligen Paulus: „Ich vergesse, was hinter mir liegt, und strecke mich nach dem aus, was vor mir ist." (Philipperbrief 3,13)

Derzeit hat wieder einmal eine kleine Weltuntergangsstimmung die Menschen erfasst. Es ist ja auch nach unserem Glauben fix, dass die Welt nicht ewig ist. Ja, die Welt wird einmal untergehen.

Die Zerstörung der Erde können wir als Menschen mittlerweile selbst herbeiführen, etwa durch einen Atomkrieg.

Oder durch die ungebremste Klimaerwärmung. Tatsache ist, dass alles Leben ein Ablaufdatum hat, dass auch dieser Kosmos, den Gott geschaffen hat, in seinen unüberschaubaren Zeitspannen nicht ewig ist. Wir sollen uns durch Weltuntergangsszenarien nicht beunruhigen lassen, denn das ist Sensationsmache. Jesus sagt übrigens ausdrücklich: „Euch steht es nicht zu, Zeiten und Fristen zu erfahren, die der Vater in seiner Macht festgesetzt hat." (Apostelgeschichte 1,7) Freilich: Wir müssen unseren Planeten besser hegen und pflegen. Aber wenn selbsternannte Propheten daherkommen und uns mit Weltuntergangsbotschaften beunruhigen, müssen wir es mit Martin Luther halten. Auf die Frage, was er tun würde, wenn er wüsste, dass das Weltende kommt, hat Luther „cool" geantwortet: „Ich würde ein Apfelbäumchen pflanzen."

13 – Fit for God

Seit dem Jahre 2000 gibt bei uns im Stift Heiligenkreuz einen gut eingerichteten Fitnessraum. Ungewöhnlich, aber fruchtbar. Bei uns im Kloster werden viele Sportarten betrieben, je nach Temperament: Fußball, Handball, Schifahren, Jogging, Schwimmen, Wandern – und bei einigen ist es auch nur das Stiegensteigen … Jeder muss den Sport finden, der zu ihm passt. Ich meine aber, dass es den From-

men gut tut, wenn sie sportlich sind. Und den Sportlichen würde es gut tun, wenn sie fromm sind. Warum? Weil Leib und Seele für uns Christen zusammengehören wie Essen und Trinken, wie Himmel und Erde!
Wir sind über Umwege zu dieser originellen Einrichtung gekommen. Im Jahr 2000 war der Neffe unseres Abtes im Kloster, der Regisseur Florian Henckel von Donnersmarck. Er arbeitete an einem Drehbuch, das ihn berühmt machen sollte; 2007 bekam er für seinen Film „Das Leben der anderen" den Oscar. Florian nahm mir als langgewachsenem (1,92 Meter) und tollpatschigem Menschen meine „Angst" vor dem Kraftsport. Und weil wir uns beim Training angefreundet haben, hat er eine Nebenfigur – einen sympathischen Dissidenten – nach mir benannt: „Karl Wallner", was mich sehr freut!
Unser klösterlicher Fitnessraum hat sich intern als Hit entpuppt: Die Theologiestudenten, Gäste und Klosterinteressenten, vor allem aber die jungen Mitbrüder können dort in kürzester Zeit durch die körperliche Anstrengung zu einem psychischen Ausgleich kommen. Und wer von 5 Uhr früh an beim Chorgebet steht, dann den ganzen Tag vor dem Computer oder vor Büchern sitzt, der braucht einfach einmal die Erfahrung, seinen eigenen Körper durch einen Muskelkater zu spüren!

Inzwischen biete ich als Jugendseelsorger des Stiftes auch jährlich zweimal eine „Geistliche Sportwoche“ für interessierte Jugendliche an, die ein intensives geistliches Programm enthält: Anbetung, Rosenkranz, heilige Messe, zugleich aber auch täglich professionell trainieren: Training für Seele und Leib! Und das funktioniert hervorragend, denn wer körperlich erschöpft ist, der betet besser.

Für einen gläubigen Christen ist es durchaus gut, auf seinen Körper zu achten und ihn nach seinen persönlichen Vorstellungen zu trainieren. Gerade wir Christen bekennen ja, dass Gott Fleisch geworden ist. Christus ist Gott in leiblicher, menschlicher Gestalt. Wenn wir es richtig machen, dann dürfen wir unseren Leib nicht „verteufeln“, sondern „ordnen“, „integrieren“, und eben auch „trainieren“.

Ich behaupte sogar, dass das Christsein etwas mit Sport zu tun hat: Es ist ein großes Training des Geistes und des Herzens. Der Apostel Paulus schreibt über die Wettkämpfe der Griechen: Wenn sich die Sportler im Stadion schon so anstrengen, um einen irdischen Preis zu gewinnen, um wie viel mehr müsst euch dann ihr Christen anstrengen, um den „unvergänglichen Siegeskranz“ zu gewinnen (1. Korintherbrief 9,24–27). Um diesen Siegeskranz zu gewinnen, will ich mich fit halten: an Leib und an Seele. Also nicht „Fit for fun“, sondern „Fit for God“.

14 – Nimm dir Zeit!

Das Christentum ist sicher keine Religion für Faulenzer. Jesus hat uns nicht aufgetragen, die Hände müßig in den Schoß zu legen, sondern die Welt zu verändern. Obwohl wir Mönche – Benediktiner und Zisterzienser – seit Jahrhunderten die Kultur Europas prägen, denken viele Menschen, dass wir im Kloster nichts anderes zu tun haben, als fromme Meditationen abzuhalten. Wir sind davon überzeugt, dass Gott uns aus zwei guten Bestandteilen zu einer Einheit geschaffen hat: aus Seele und Leib, aus Geist und Materie, aus Göttlichem und Irdischem. Daher geht es in einem christlichen Kloster nie nur um das „Ora", sondern immer auch um das „Labora". „Bete und arbeite!" gilt mit Recht als die Zusammenfassung der Benediktsregel, ergänzt durch das „Lege!" – „Lies!", weil geistliche Lesung und Studium ebenso zum christlichen Mönchsein dazugehören.

Wer also meint, dass wir im Kloster nichts anderes tun, als faul herumlungern, süße Gedanken spinnen und im Klostergarten Schmetterlinge zählen, den lade ich herzlich zum „Lokalaugenschein" ein. Auch wir Gottgeweihte kennen Stress und Überlastung, auch wir kommen uns manchmal wie Hamster vor, die von früh bis spät in ihrem Laufrad strampeln und trotzdem immer noch viel zu wenig voranbringen. Schon von seinen Jüngern lesen wir im Evangelium, dass sie gestresst waren: „Sie fanden nicht einmal Zeit zum Essen, so zahlreich waren die Leute, die kamen und gingen.“ (Markusevangelium 6,31) Freilich ist das keine gute Situation. Stress ist gleichsam unvermeidlich, aber er ist kein christlicher Wert, im Gegenteil. Ich möchte Ihnen daher den Rat weitergeben, den Jesus in der oben geschilderten Situation der Überlastung seinen Jüngern gibt: „Kommt mit an einen einsamen Ort, wo wir allein sind, und ruht ein wenig aus!“ (Markusevangelium 6,31)

Wir haben doch heute oftmals das Gefühl, dass wir unser Leben regelrecht verlieren, weil es so schnell dahinläuft. Oder richtiger: weil *wir* so schnell dahinlaufen. „Veníte seórsum“ heißt das lateinische Wort für „Kommt ein wenig abseits“. Und wenn man den originalen griechischen Text liest, dann wird einem erst die therapeutische Kraft bewusst, die in dieser Einladung Jesu liegt: „Kommt mit, ihr selbst für euch allein, an einen einsamen Ort und ruht euch ein wenig aus.“

Das Abseitsgehen, das Aussteigen, hat für mich immer einen doppelten Aspekt: einen „geographischen“ und einen „psychologischen“; beide hängen zusammen. Wenn ich merke, dass ich zu fixiert, zu belastet, zu überfordert bin, dann brauche ich dringend Ortsveränderung. Im Evangelium ist es auch so: Jesus geht mit seinen Jüngern einfach weg, ganz konkret und real. „Ich muss mal raus." Bei uns ist das leicht zu machen, denn wir sind in Heiligenkreuz vom herrlichen Wienerwald umgeben. Ein Spaziergang mit kräftigem Durchatmen lockert die Seele auf. Freilich gehört auch das Psychologische dazu, dass ich meine Gedanken wirklich frei mache. Mir hilft dabei das Gebet. Ich denke, dass wir Mönche nur deshalb so leistungsfähig und effizient sind, weil wir so viel beten. Die drei Stunden tägliches Chorgebet sind keine Arbeitszeitverschwendung. Oder besser gesagt: Was wir an Zeit für den lieben Gott „vergeuden", bekommen wir an innerer Kraft und Segen von Gott zurückgeschenkt. Vielfach sogar!

3. GOTT UND WIR

15 – Glauben können

Der wichtigste Satz, den ich in meinem Leben gehört habe, lautete: „Das glauben wir. Davon sind wir überzeugt." Ich war 16 Jahre alt; man hatte mich zu einer Jugendgruppe eingeladen. Ich dachte, das würde wie im Religionsunterricht. Dort diskutierten wir endlos und stellten alles infrage, was Gott und die Kirche betraf. Doch Irrtum! Diese Gruppe war eine Gebetsgruppe. Auf meine obergescheiten Fragen – „Woher man wisse, dass es Gott gibt, wie man denn beweisen könne …!" – klatschte der Satz des Priesters wie eine schallende Ohrfeige: „Das glauben wir! Davon sind wir überzeugt!" Basta! So ist das. Keine Rederei. Zum ersten Mal in meinem Leben traf ich nicht auf Meinung, sondern auf Überzeugung und bedingungslosen Glauben. Ich war zunächst verblüfft – und gekränkt. Aber danach hat es mich gepackt. Da gab es also etwas, das nicht beliebig war und nicht zur Disposition stand. Dass ich heute gläubig bin, dass ich Priester und Theologe bin – den Anstoß dazu hat die Glaubensüberzeugung dieses Priesters gegeben.

Überzeugungen überzeugen. Heute weiß ich, dass es nichts Sinnvolleres und Beglückenderes gibt, als an Gott zu glauben. Wie sagt der heilige Anselm doch so schön: „Credo ut intelligam!" – „Ich glaube, damit ich begreife!" Darum tue ich heute alles, damit die Menschen besser begreifen, was wir glauben. Nur wenn wir Christen überzeugter sind, werden wir auch überzeugender werden.

Gott existiert und er ist eine Wirklichkeit. Der Glaube an Gott ist heute deshalb bei vielen Menschen so blass und bleich, weil sie vergiftet sind mit der Häresie aller Häresien, die da lautet: Gott sei nur ein Produkt der Phantasie, eine Wunschvorstellung unseres endlichen Geistes. Die Philosophie von Hegel und die Religionskritik von Feuerbach & Co. aus dem 19. Jahrhundert ist bei der breiten Masse angekommen. Freilich: Während Marx und Lenin Religion noch als „Opium des Volkes" bekämpften, schätzt die heutige „Postmoderne" religiöse Anschauungen durchaus: Religiosität gilt als nette Therapie, um sich über unser Jammertal der Endlichkeit hinwegzutrösten. Doch der Gott, an den wir Christen glauben, ist keine selbst verabreichte Opiumspritze und genauso wenig das bloße Produkt meiner Phantasie wie der Stuhl, auf dem ich sitze, oder die Luft, die ich atme … Gott ist die Wirklichkeit, die das alles bewirkt hat.

16 – Gott – ein „allmächtiger Vater“?

Dass Gott existiert, ist keine Frage des Glaubens, sondern des Denkens. „Von nichts kommt nichts.“ Gotteserkenntnis ist kein Luxus für Gläubige, sondern eine Fähigkeit, die alle Menschen haben – sofern sie ihren Verstand verwenden. Schon die griechischen Philosophen haben aus der Schöpfung auf eine letzte „unverursachte Ursache“ geschlossen. Die Religionen sind nicht so sehr für das „Ist Gott?“ zuständig, als für das „Wie ist Gott?“

Der Schlüssel, mit dem Gott uns Zugang zu seinem „Wie“ gibt, ist die „Offenbarung“. Gott hat sich uns offenbart. Das griechische „apokalyptein“ und das lateinische „revelare“ bedeuten „enthüllen“, während unser deutsches „offenbaren“ von „aufbahren“ kommt: Gott hat sich uns sichtbar vor Augen gestellt, indem er Mensch geworden ist. Aufgrund dieser Selbstoffenbarung bekennen wir Christen Gott als den Einen und Einzigen, der in sich Vater, Sohn und Heiliger Geist ist.

Wenn wir nur den „Gott der Philosophen“ kennen würden, dann wären wir „verwaist“: als hätte uns eine anonyme Ursache rätselhafterweise auf einem kleinen Planeten ausgesetzt und zu einem kurzen Leben verurteilt. Erst die Offenbarung bringt Licht in unsere Trostlosigkeit. Jesus zeigt uns Gott als seinen lieben Vater, seinen „Abba“. Und er lehrt uns, dass sein göttlicher Vater auch „Unser Vater im Himmel“ ist. Wir sind also keine Waisen, sondern Kinder Gottes.

Wenn wir uns zum allmächtigen Gott bekennen, so besagt das zunächst einmal, dass Gott Dinge kann, die wir Menschen nie können: Gott hat ja alles aus dem Nichts geschaffen, wie wir es im Credo bekennen: Er ist der Schöpfer des Himmels und der Erde. Nur Gott kann das Menschlich-Unmögliche; niemand sonst ist dazu fähig.

Es gibt für mich zwei Momente, wo mir eine Gänsehaut über den Rücken läuft, wenn ich an die Allmacht Gottes denke: das eine Mal, wenn ich meinen Blick in die unvorstellbaren Weiten des Sternenhimmels schweifen lasse. Noch tiefer überfällt mich ein Gefühl der Ehrfurcht vor der Größe Gottes, wenn ich mit Blick auf das Kreuz daran denke, dass die Allmacht Gottes eigentlich darin besteht, dass er aus Liebe zu uns bis in die Ohnmacht des Kreuzes gegangen ist.

17 – Schöpfung ohne Schöpfer?

Den Glauben an Gott, den Ursprung und Schöpfer aller Dinge, teilen wir Christen mit allen Religionen. Das Schöpfersein ist gleichsam eine Grundbestimmung Gottes. Dabei ist klar, dass Gott ganz anders als die „Welt“ sein muss. „Welt“ kommt übrigens vom griechischen Wort

„Kosmos“ und meint nicht bloß die Erde oder das Weltall, sondern das Ganze. Anders gesagt: Alles, was nicht Gott ist, ist „Welt“.

Dass Gott Schöpfer aller Dinge ist, wird uns nicht nur durch den Glauben verbürgt. Natürlich ist es eine Sache des Glaubens, denn in der Heiligen Schrift wird uns ja – nicht nur in den zwei Schöpfungserzählungen – von Gott, dem Erschaffer der Welt und des Menschen, berichtet. Ich muss aber nicht gläubig sein, um zu der Erkenntnis zu gelangen, dass es einen Schöpfergott geben muss, das sagt mir schon die Vernunft, der Verstand.

Heute redet man gerne von „Schöpfung“ und vergisst dabei, dass es eine Schöpfung ohne Schöpfer nicht geben kann. Es muss eine letzte, alles begründende Ursache geben.

Wenn ich ein Atheist wäre, müsste ich daran glauben, dass der Kosmos sich selbst hervorgebracht hat. Bitte, wie soll das gehen?! Nein, bei so etwas Hypothetischem, Unlogischem und Phantastischem mache ich nicht mit! Wie soll aus einem absoluten Nichts etwas werden, noch dazu in einer solchen ausgestalteten Fülle, wie es das Universum ist? Mit 99 Prozent der Menschheit, denn so viele sind ja religiös, vertraue ich da lieber auf meinen Verstand: Von nichts kommt nichts! Darum glaube ich, dass es einen allmächtigen Gott gibt, der alles, was außer ihm ist, aus dem Nichts geschaffen hat.

Zu meinem Glauben an den Schöpfergott gehört auch der Glaube, dass wir in diesem Kosmos nicht allein sind. Ob es UFOs und Marsmenschen gibt, wage ich zu bezweifeln. Obwohl es Milliarden von Galaxien und Abermilliarden von Sternen wie unsere Sonne samt zugehörigen Planeten gibt, ist es unwahrscheinlich, dass es ein zweites Mal so etwas Geniales wie die Erde gibt, wo intelligentes Leben auf materieller Grundlage möglich ist. Denn wir Menschen sind ja Materie und Geist, Leib und Seele. Die Frage, ob es außer uns Menschen noch anderes geistiges Leben im Kosmos gibt, beantwortet uns der Glaube aber mit einem eindeutigen Ja. Das sind die heiligen Engel: rein geistige Geschöpfe Gottes.

In unserem Bekenntnis zu Gott dem Vater, dem „Schöpfer des Himmels und der Erde“, ist mit Himmel ja nicht das Blaue über uns gemeint. Unter Himmel verstehen wir die materielose göttliche Welt, unter Erde das Sichtbare. Wenn wir Gott als „unseren Vater im Himmel“ anreden, dann meinen wir mit Himmel die Sphäre des Jenseits, der Unendlichkeit, der Transzendenz. Zu diesem Himmel gehören die Engel. Der Name kommt vom griechischen „angelos“ und heißt einfach „Bote“, Gesandter, Botschafter. Sie sind die Füllinstanzen zwischen dem jenseitigen Gott und der diesseitigen Welt. Im christlichen Glauben sind Engel kein Gottesersatz, wie in der Esoterik, sondern demütige Diener des einen wahren Gottes und geschöpflicher Abglanz seiner Herrlichkeit. Und wenn man diese geistigen Geschöpfe Gottes bittet, dann helfen sie einem wirklich.

18 – Zeitgeist oder Heiliger Geist

Zeitgeist nennt man den Lebensstil, die Mode, die geistige Atmosphäre, die in einer Gesellschaft gerade herrscht. Definitionsgemäß ist der Zeitgeist absolut wandlungsfähig, er ist ein vergänglicher Hauch, weil er mit der Zeit geht. Und Zeit ist das absolut Vergänglichste, das es überhaupt gibt. Darum weht der Zeitgeist heute so und morgen so. Schon von daher ist klar, dass das Christentum, das auf Fundamente gegründet ist, die nicht wandelbar sind, in Spannung steht zum Zeitgeist. Nicht nur heute, sondern zu allen Zeiten. Nicht nur jetzt und zufällig, sondern immer und grundsätzlich.

Christus hat den Anspruch erhoben, dass Himmel und Erde vergehen, seine Worte aber nicht. Er hat die Verheißung gegeben, dass sein Heiliger Geist in die ganze Wahrheit einführt, und dass dieser Geist weht, wo er will. Zeitgeist und Heiliger Geist sind daher naturgegebene Gegensätze; besser gesagt: der Zeitgeist braucht immer die Erlösung durch den Heiligen Geist, denn er weiß, dass er nur ein „Lüftchen“ ist, das im nächsten Augenblick schon wieder spurlos verweht ist. Der Heilige Geist aber zeichnet sich in die Geschichte mit den Schriftzeichen der Ewigkeit ein. Wenn der christliche Glaube also die Bewegung des Heiligen Geistes ist, dann gehört es zu uns, dass wir „konservativ“ sind. Konservativ kommt vom lateinischen „conservare“, das heißt „aufbewahren“. Eine Gemeinschaft wie die Kirche, die ihren Ursprung vor 2000 Jahren genommen hat, muss die Botschaft Christi „bewahren“ und „weitergeben“.

Leider ist es nicht immer einfach, die Form vom Inhalt, die Schale vom Kern, das Nebensächliche vom Wesentlichen zu trennen. Wir leben heute in einer Zeit, die man „Postmoderne“ nennt. Heute gibt es nicht eine einzige Strömung, die „modern“ ist, sondern alle Lebensstile existieren mehr oder weniger gleichzeitig und parallel zueinander.

Wie kann man als Kirche, als Glaubensgemeinschaft in einer solchen Situation Erfolg haben? Ich bin sicher, dass das nur geht, indem man deutlich zeigt, wofür man steht. Die Kirche hatte immer ein weites Herz und ein breites Dach, denn Jesus wollte alle. Ich meine, dass wir als Gläubige die „Zeichen der Zeit“ gut lesen müssen. Diese Zeichen sagen heute eindeutig: „Zeige, wofür du stehst!“ Christus hat die Kirche ja als eine Art göttlicher Werbeagentur für seine Botschaft von der erlösenden Liebe Gottes gegründet. Um heute Menschen zu gewinnen, darf die Kirche weder dreist-autoritär noch schwammig-liberal sein. Als Jugendseelsorger merke ich, dass die jungen Leute nicht deshalb so zahlreich zu den Jugendveranstaltungen in unser Kloster strömen, weil wir ihnen sagen: „Tu, was du willst!" Das gibt es heute ohnehin überall. Dazu braucht man keine Kirche. Das ist auch nicht die Botschaft Jesu. Die Jugendlichen kommen, weil sie auf der Suche nach Überzeugungen, nach Orientierungen, nach Lebensmodellen und Zielen sind. Jeder Mensch kommt ja irgendwann einmal drauf, dass das dünne Süppchen der Beliebigkeit nicht satt macht. Ich rate uns Christen, mehr auf den Heiligen Geist zu setzen als auf den Zeitgeist, der doch meist nur ein Ungeist ist und sich, ehe man sich versieht, in Nichts auflöst. Ein schönes Wortspiel bringt das auf den Punkt: „Wer nicht mit der Zeit geht, muss mit der Zeit gehen!"

19 – Nur der Mensch hat einen Namen

In meiner Familie war es üblich, dass die Namenstage gefeiert wurden. Weil alle männlichen Erstgeborenen bis auf die großelterlichen, ja sogar urgroßelterlichen Vorfahren „Josef" getauft wurden, war der 19. März in meiner Familie immer ein Festtag. Auch ich bin ein getaufter Josef und habe dann vor 30 Jahren bei meiner Einkleidung den Namen des heiligen Kirchenreformers und Erzbischofs von Mailand Karl Borromäus erhalten.

Mit dem Vornamen oder „Taufnamen“ wird dem Kind ein Namenspatron zugewiesen, der dem heranwachsenden Menschen sowohl Vorbild als auch Fürsprecher sein soll. Das kirchliche Gesetzbuch von 1918 forderte daher, dass ein zweiter christlicher Vorname zugefügt wird, wenn der erste Vorname nicht wirklich ein Heiligenname ist.

Taufen ist aber nicht dasselbe wie die Vergabe eines Namens; den vergeben die Eltern ja gleich nach der Geburt. Ein Getaufter trägt den Namen Christi – er ist Christ – und hat einen Heiligen als Fürsprecher. Ich finde es daher schade, dass viele Leute nichts von ihrem Namenspatron wissen; dabei sollten wir doch eigentlich mit ihr oder ihm von Herz zu Herz befreundet sein. Immerhin haben unsere Schutzpatrone ja viel Arbeit mit uns, da sie für uns bitten, für uns sorgen und uns beschützen. Wie schön wäre es, wenn wir den Namenstag wieder feierten. Denn geboren ist jeder, aber einen christlichen Namenspatron hat nur, wer ein Kind Gottes geworden ist.

20 – Warum Leid?

In einem kurzen Gedanken kann ich die schwierigste Frage, die es überhaupt gibt, nicht beantworten: Wenn es Gott gibt, warum lässt er dann das Leiden zu? Diese Frage bewegt die Philosophen seit dem 1. November 1755. Damals erschütterte ein schweres Erdbeben Lissabon, die blühende Hauptstadt einer der größten Kolonialmächte der Welt. Durch die Erdstöße, die von einem Tsunami begleitet waren, starben 30 000 Menschen. Mit ihnen starb der religiöse Optimismus, denn kurz zuvor hatte noch der Philosoph Leibniz († 1716) behauptet, dass ein guter Gott „die beste aller möglichen Welten" geschaffen habe. Nach Lissabon sagten viele Denker: Einen guten Gott kann es nicht geben, wenn er so etwas zulässt. Der französische Philosoph Voltaire († 1778) machte mit einem „Gedicht über das Desaster von Lissabon" die Frage nach dem Warum zu einem Gottesproblem. Wenige Jahre nach dem Erdbeben von Lissabon wagten es französische Denker erstmals, die Existenz Gottes grundsätzlich in Frage zu stellen. Der Atheismus war geboren.

Die Philosophie beschäftigt sich mit der Frage, ob es denn einen gerechten Gott geben könne angesichts des Elends dieser Welt, unter dem Titel der „Theodizee-Frage". Das kommt von „theos", was auf Griechisch „Gott" bedeutet, und von „dikaios“ = „gerecht“. Schon vor mehr als 2000 Jahren hat der griechische Philosoph Epikur (341–270 v. Chr.) das Dilemma so formuliert: „Entweder will Gott die Übel beseitigen und kann es nicht: dann ist Gott schwach, was auf ihn nicht zutrifft. Oder er kann es und will es nicht: dann ist Gott missgünstig, was ihm fremd ist. Oder er will es nicht und kann es nicht: dann ist er schwach und missgünstig zugleich, also nicht Gott. Oder er will es und kann es, was allein für Gott ziemt: Doch woher kommen dann die Übel und warum nimmt er sie nicht hinweg?“

Abseits von solchen hochphilosophischen Gedanken habe ich als Priester leider schon sehr sehr oft mit unverschuldetem Leid und herzzerreißendem Elend zu tun gehabt. Ich bin schon an vielen Betten von Schwerkranken, Todgeweihten und Sterbenden gesessen; ich musste Eltern die Nachricht überbringen, dass ihr Sohn tödlich verunglückt ist; ich musste kleine Kinder begraben, die einen aufreibenden Kampf gegen Krebs verloren hatten; ich habe in meinem Pfarrhof in den 1990er Jahren bosnische Frauen aufgenommen, die mit Not hatten fliehen können, während ihre Männer im Krieg erschossen wurden … Jeder von uns kennt solche Situationen, wo es einem das Herz zerreißt. Ich habe auch theologische Bücher geschrieben, in denen ich die Antwort wiedergebe, an die ich als Christ glauben darf: dass Gott selbst unser Leid auf sich genommen hat, dass er für uns am Kreuz gestorben ist, weil er uns in unserem Elend solidarisch ist. Und weil er das alles in den Himmel hinein überwindet. Vom Glauben her gibt es für mich keinen Zweifel an der immerwährenden Liebe Gottes! Aber von den Emotionen her ist es schon schwer. Am Bett eines jungen Krebskranken, der unweigerlich dem Tod entgegengeht, bleibt in mir zwar in meinem Kopf der Glaube, „dass Gott bei denen, die ihn lieben, alles zum Guten führt“ (Römerbrief 8,28) – aber mein Herz schreit: „Lieber Gott, warum lässt du das zu?“

Als ich einmal das Begräbnis eines zweijährigen Kindes halten musste, saß ich vorher mit den Eltern zusammen, die beide gläubige Christen sind. Sie hatten ihr Kind schon im Hinblick auf die schwere Krankheit, die das Kind seit der Geburt hatte, „Angelo“ getauft, also „Engel“. Wir konnten nur gemeinsam weinen. Gescheite theologische Erklärungen, warum der kleine Angelo so früh sterben musste, sind mir nicht eingefallen. Erleichterung kann einem da eigentlich nur der Blick auf das Kreuz verschaffen. Denn dass der liebe Gott selbst Leiden und Tod ertragen wollte, zeigt, dass das „Geheimnis der Liebe“ den Sieg über das „Geheimnis des Bösen“ davonträgt.

21 – Sorge über den Tod hinaus

Sterben und Tod sind einfach eine Realität. Wenn wir gut leben wollen, dann dürfen wir diese Wirklichkeit nicht wegblenden. Eine Kultur des Lebens fordert, dass wir unsere Verstorbenen nicht vergessen. Die Verbundenheit mit den Verstorbenen durch Gebet, Fürbitte und Opfer ist ein hohes Kulturerbe, gerade auch des Christentums. Doch was für ein Unterschied zwischen dem Begräbnis in meinem kleinen niederösterreichischen Heimatdorf, wo sich die ganze Dorfgemeinschaft zum Begräbnisgottesdienst zusammenfindet, um zu beten und Abschied zu nehmen, und dem, was ich in der Großstadt Wien schon erlebt habe: Begräbnisse, zu denen gerade einmal die allernächsten Verwandten kommen. Da hat jemand 70, 80, 90 Jahre gelebt, gearbeitet, geliebt, sein Leben mit anderen geteilt – und fast niemand nimmt sich die Zeit, um Abschied zu nehmen.

Die Seelen der Verstorbenen nennen wir „arme Seelen", weil sie vom Leib getrennt sind. Der Leib aber ist das Instrument, mit dem unser Leben in den Koordinaten der Geschichte fixiert ist. Nur solange wir in der realen Geschichte sind, können wir uns ändern, können wir Gutes tun, können wir um Verzeihung bitten, können wir Böses abarbeiten. Mit dem Tod ist es damit vorbei. Die „armen

Seelen" können nur mehr passiv auf Hilfe hoffen, um von ihren Sünden geläutert zu werden. Darum ist es eine Liebespflicht von uns Lebenden, für die Seelen unserer Verstorbenen zu sorgen. Wir sind es, die auch nach dem Tod immer noch etwas für sie tun können und sollen. Ich bete täglich für die Verstorbenen, natürlich besonders für die mir nahestehenden Menschen, für meinen Vater. Aber auch für jene, für die niemand mehr betet.

Die Psychologie sagt uns, dass es beim Verlust eines geliebten Menschen sehr wichtig ist, „Trauerarbeit" zu leisten. Ehrlich gesagt, hätte ich mir auch gewünscht, dass mir mein fester christlicher Glaube mehr geholfen hätte, mit dem Schmerz fertigzuwerden, den ich beim Tod meines Vaters empfunden habe. Es war nicht so. Auch als gläubiger Mensch, der auf den Himmel und auf ein frohes Wiedersehen hofft, hadert man mit dem Verlust. Der Glaube hebt die normalen menschlichen Gefühlsstürme nicht auf, er hilft aber, besser mit ihnen fertig zu werden. Und dazu dient auch der ganze „Pomp" der katholischen Totenliturgie. Der Totenkult ist ein verschwenderischer Liebesgruß hinüber in eine andere Welt, und er darf uns deshalb ruhig etwas an Zeit und auch Geld kosten.

4. VON MÖNCHEN LERNEN

22 – Mönche als Manager

Zu uns kommen erstaunlich viele Leute, die mit der Wirtschaft zu tun haben, um sich geistig zurückzuziehen. Diese „Manager", wie man sie mit einem Unterton von Respekt, Bewunderung und verstohlenem Neid zu nennen pflegt, sind ganz normale Menschen. Man tut ihnen Unrecht, wenn man sie pauschal als erfolgsversessene, machtgierige Karrieremenschen verunglimpft. Man sieht ihnen meistens an, dass sie dem Zwang ausgesetzt sind, für ihr Unternehmen – und damit auch für die Mitarbeiter – den maximalen wirtschaftlichen Erfolg herauszuholen. Ich erlebe diese Menschen oft als sehr bedrückt und belastet. In der Folge aber auch als religiös suchend. Denn jeder, der kreativ ist und Verantwortung trägt, spürt instinktiv, dass Erfolg nicht nur vom menschlichen Tun abhängt, sondern dass hier eine übernatürliche „Mithilfe" notwendig ist.

Unser Mönchtum nach der Regel des heiligen Benedikt ist seit 1500 Jahren erfolgreich, weil es uns nicht um Materielles, sondern um Geistiges geht. Alles, was unser Leben wirklich wertvoll macht, ist geistig: Freude, Glück, Sinn, Geborgenheit, menschliche Wärme kann man sich nicht durch Kapitalmaximierung „kaufen". Was wir Mönche in die gegenwärtige Situation einbringen können, ist eine Haltung der Sinnorientierung. Wir können helfen, wieder die richtigen Perspektiven ins Auge zu fassen. Dutzende Male habe ich schon Vorträge unter dem etwas provokanten Titel gehalten: „Sind Mönche die besseren Manager?!" Ich „promote" dabei die religiösen und spirituellen Werte, die uns der heilige Benedikt in seiner Regel vorgegeben hat. Meine Aufgabe als Mönch sehe ich in der Herzens- und Gewissensformung. Für Benedikt etwa ist Geiz überhaupt nicht geil. Im Gegenteil: Geiz ist das schlimmste Laster, das es für ihn gibt. Deshalb weist er die Mönche an, alles, was sie produzieren, immer billiger zu verkaufen, als andere das tun, „damit in allem Gott verherrlicht wird". Diese programmatische Großzügigkeit hat letztlich mittelbar zum wirtschaftlichen Erfolg unserer alten Stifte und Klöster beigetragen. Es gibt eine „Umweg-Rentabilität" des Geistigen. Jesus sagt: „Was nützt es einem Menschen, wenn er die ganze Welt gewinnt, dabei aber sich selbst verliert und Schaden nimmt?" (Lukasevangelium 9,25) Ich würde allen raten, diesen anderen Schatz zu suchen, den, der abseits von Aktienmärkten und Investmentfonds zu finden ist.

23 – Musik für das Paradies

Wir in Stift Heiligenkreuz hatten einen unerwarteten „Mega-Erfolg“ mit der CD „Chant – Music for Paradise“. Journalisten aus der ganzen Welt sind wie Heuschrecken eingefallen, Fernsehteams von Neuseeland bis Brasilien, in Interviews von Südafrika bis Kalifornien musste ich als Zuständiger für die Öffentlichkeitsarbeit Antwort auf immer dieselbe Frage geben: Wieso packt diese ruhige Form der Musik, der Gregorianische Choral, die Menschen und auch junge Leute so sehr?

Um eine gute Antwort zu geben, musste ich als Mönch mich stärker mit der Situation der Menschen „draußen“ beschäftigen. Und war dann schon einigermaßen schockiert, als ich feststellen musste: Von den Popstars bis zum Normalbürger gibt es heute sehr, sehr viele Menschen, die innerlich leer und ausgebrannt sind und die gar keinen Sinn im Leben sehen. Ich persönlich danke Gott, dass ich in meinem Leben durch den Glauben an Gott ein großes Glück und einen großen Sinn gefunden habe.

In dem Trubel um unseren CD-Erfolg ist mir erst so richtig der Wert unseres klösterlichen Lebens bewusst geworden. Denn abseits der stressigen Lärmkulisse dieser Welt führen wir Mönche in der klösterlichen Stille einen heiligen Dialog mit dem fleischgewordenen Wort Gottes: in Gebet,

Arbeit, Studium und Bruderliebe. Am deutlichsten wird unser Dialog in der Feier des Chorgebetes: Wir Mönche singen genau jenes Wort, das Gott uns gegeben hat, nämlich das biblische Wort, wieder an ihn zurück. Wie in einer Induktionsschleife empfangen wir im Hinhören Gottes Wort, artikulieren es durch unsere Menschenstimme und singen es an seinen göttlichen Ursprung zurück. Musik ist dabei ganz wichtig, denn das Wort, das wir Gott erlauscht haben, ist so schön, so hell, so lebensspendend, dass wir es in Melodien an die Quelle zurücksingen müssen. Darum haben unsere Vorfahren vor mehr als tausend Jahren die christlichste aller Musikformen entwickelt: den Gregorianischen Choral. Diese Musik ist Gebet. In diesem Gesang steckt beides: das Wort Gottes mitsamt der Antwort des Menschen. Darum sind unsere Klöster, in denen gebetet und gesungen wird, Oasen der Kraft mitten in den Wüsten unserer Einheitszivilisation. Ich bin über den Erfolg unserer CD „Chant – Music for Paradise" sehr glücklich, denn dadurch werden die Leute auf das Geistige in unseren Klöstern aufmerksam.

Papst Benedikt XVI. hat bei seinem Besuch in Heiligenkreuz am 9. September 2007 das schöne Wort gesagt: „Österreich ist klösterreich." Ein Kloster ist vor allem ein geistiger Ort, ein Ort der Kraft, weil hier zu Gott gebetet wird.

Das Wichtigste im Leben ist immer das Geistige. Geld kann man nicht festhalten; Aktienkurse verfallen, unser Ansehen bei den Menschen vergeht … Darum recken sich unsere hohen Kirchentürme von ihren uralten Fundamenten weg wie riesige Zeigefinger in den Himmel. Sie rufen uns zu: Vergiss nicht, ein geistlicher Mensch zu werden. Denn das Ziel deines Lebens liegt außerhalb dieses irdischen Lebens.

24 – Lauschen auf das Wort

Musik und Religion gehören zusammen wie Fisch und Wasser, wie Licht und Leben, wie Stimme und Ohr. Wir Menschen sind vermutlich im ganzen Kosmos die einzigen Wesen, die durch die Fähigkeit ausgezeichnet sind, Musik erzeugen und Musik hören zu können. Das Hören-Können ist eines der spezifischen Geschenke, die der Schöpfergott uns Sterblichen auf dieser Erde gemacht hat. Unser fragiler blauer Planet ist ja von einer dünnen, nur wenige Kilometer hohen Schicht von Gasen umgeben. Nur diese Atmosphäre ermöglicht uns zu leben; und nur diese Atmosphäre ist der Grund dafür, dass sich akustische Schallwellen ausbreiten können. Außerhalb von ihr herrscht das schier endlose Vakuum des Weltalls, wo die Galaxien und Sterne in undurchdringlichem Schweigen explodieren und implodieren. Nach der biblischen Erzählung beginnt nun die Welt gerade damit, dass Gott diese tödliche Stille durchbricht: „Und Gott sprach: Es werde Licht!" (Genesis 1,3) Das Johannesevangelium beginnt damit, dass Gott durch sein Wort alles geschaffen hat, und dass in diesem Wort „das Leben war, das das Licht der Menschen ist". (Johannesevangelium 1,4) Gott spricht – und Licht und Leben sind die Folgen dieses Hörbar-Werdens Gottes. Weil das Leben durch das Wort entstanden ist, ist es auch auf das Wort hin angelegt. Deshalb ist jeder Mensch von Natur aus ein Lauschender. Wie ein Parabolspiegel ist unsere Seele darauf angelegt, hinauszulauschen in die ewigkeitsweiten Räume des Jenseits, ob nicht von dorther ein Wort, ein Klang, eine Stimme käme, die uns innerlich erfüllt.

Zu einem erfüllten Leben gehört es, dass wir lernen hinzuhören. In der tausendfachen Kakophonie des Alltagslärms geht das richtige Hinhören und Zuhören oft unter. Die Regel des heiligen Benedikt beginnt mit den Worten: „Ausculta, o fili!" – „Lausche, mein Sohn!" Wer den letzten Sinn im Leben sucht, der muss lernen zu hören. Und als Christ kann man noch einen Schritt weitergehen: Der Glaube bezeugt uns ja, dass tatsächlich etwas von der Ewigkeit herüberschwingt. Unser Gott hat sich wahrlich nicht im Jenseits versteckt und verschanzt, sondern wir dürfen mit Freude bekennen: „Das Wort ist Fleisch geworden und hat unter uns gewohnt." (Johannesevangelium 1,14) In Jesus Christus ist Gottes Wort auf unvorstellbare Weise in dieser Welt aufgeklungen.

25 – Lachen erlaubt!

Immer wieder hat man darüber debattiert, ob Jesus gelacht hat oder nicht. Tatsächlich steht in der Bibel kein Wort darüber: Die Evangelisten erzählen zwar von den verschiedensten Emotionen unseres Herrn, dass er erschüttert, zornig, verärgert, bewegt und ergriffen war. Sie erzählen auch, dass er mehrmals geweint hat. Aber kein Wort darüber, ob Jesus gelacht hat.

Doch das Christentum ist nicht die Religion der Traurigkeit, sondern die Religion der Überwindung der Traurigkeit. Leiden und Kreuz gehören dazu, weil Gott uns seine Solidarität darin zugesagt hat, dass er uns in unserem Jammertal nicht allein lässt. Ein Gott, der nicht nur äußerlich Mitleid mit uns Menschen hat, sondern der ganz real und wirklich mitleidet, ja mitstirbt mit uns, das ist die sensationelle und einzigartige Botschaft des Christentums. Darum gehören das Fröhlichsein und das Lachen konstitutiv zu einem Christen! Und sie gehören auch zu uns Gottgeweihten, zu uns Priestern und Ordensleuten. Als ich mit

17 zum ersten Mal mein späteres Kloster besuchte, bestand eines meiner zahllosen Vorurteile darin, dass es hier todernst zuginge. Wie überrascht war ich, als ich hier normale und humorvolle Menschen antraf. Es stimmt schon, dass der heilige Benedikt in seiner Regel Albernheiten, Späße und lautes Lachen mahnend aufs Korn nimmt. Ein Kloster ist kein Karnevalsverein, aber trotzdem wären Mönche, die nicht lachen können, traurige Mönche! Es ist ja kein Zufall, dass es sogar Bücher mit Anekdoten und Witzen aus dem Klosterleben gibt. Wenn wir zusammensitzen, dann erinnern wir uns oft an spaßige Vorfälle. Einen davon möchte ich hier erzählen.

Pater Cornelius Steffek starb 2008 im Alter von 99 Jahren. Er ist bei uns im Stift Heiligenkreuz eine Legende, weil er 1945 unter den Nazis in der Todeszelle saß und nur deshalb nicht hingerichtet wurde, weil das Schafott bereits vor den herannahenden Befreiern nach Linz abtransportiert worden war. Am Ende seines Lebens sorgte er durch seine Schwerhörigkeit für zahlreiche humorvolle Begebenheiten. Pater Cornelius zelebrierte noch im Alter von über 90 Jahren würdig und feierlich die klösterliche Konventmesse. Freilich ließ manchmal schon das Gedächtnis ein wenig nach, sodass er „hängen“ blieb. Am 28. November 1998 eröffnete er die Präfation: „Der Herr sei mit euch!“ – „Und mit deinem Geiste!“ Dann geht es nicht weiter. Er sucht den Text. Schweigen. Das Stocken wird immer länger. Der Abt und die umstehenden Konzelebranten flüstern ihm zu: „Erhebet die Herzen!“ Immer noch nichts. Ringen mit Worten. Das Zuflüstern wird immer stärker. Schließlich geht ein Ruck durch Pater Cornelius: „Ach so!“ Und er schießt im Befehlston los: „Erhebet die Hände!“ Dieser Aufforderung sind wir wegen der nun ausgebrochenen Heiterkeit nicht nachgekommen. Solche Begebenheiten werden im Kloster über Jahrzehnte weitererzählt und gehen gleichsam in das kollektive Gedächtnis einer Mönchsgemeinschaft ein.

Ein kluges Wort lautet: „Die schnellste Verbindung von einem Menschen zum andern ist ein Lächeln!“ Miteinander lachen verbindet. Jede Gemeinschaft braucht das, auch wir Ordensleute. Schade, dass die Menschen draußen unseren „Klosterfasching“ am Faschingsdienstag nicht miterleben können, wo es ein richtiges Programm mit einer Abfolge von Sketchen, Gedichten, Theatereinlagen, Witzen und Reimen gibt. Da gehen einige Mitbrüder ganz aus sich heraus. Da werden sogar die Oberen manchmal parodiert, lustige Erlebnisse werden aufgewärmt. Wir nehmen uns gegenseitig „auf die Schaufel“, wie man österreichisch sagt. Am nächsten Tag ist dann Aschermittwoch, wo uns der Abt

Asche auf das Haupt streut, damit wir eine ernste Fastenzeit halten. Es gibt eben für einen Christen eine Zeit zum Büßen und eine Zeit zum Lachen, eine Zeit zum Ernstsein und eine Zeit zum Fröhlichsein. Alles hat im christlichen Leben seinen Platz, und darum ist es so schön, ein Christ zu sein.

26 – Morgenstund‘ hat Gold im Mund

Es gibt zwei Kategorien von Menschen: Morgenmenschen und Abendmenschen. Ich persönlich gehöre zur Kategorie der Morgenmenschen. Schon als Schüler und Jugendlicher habe ich mich darüber gewundert, wenn andere erzählt haben, dass sie bis Mittag geschlafen haben. Freilich habe ich diese Langschläfer auch immer ein bisschen beneidet – wie gerne würde ich auch einmal richtig ausschlafen. Aber es geht nicht, irgendetwas in mir weckt mich auf, damit ich nichts vom Tag, vom Leben, vom Glück versäume.

Vielleicht hat der liebe Gott mich als Morgenmenschen geschaffen, weil er immer schon wusste, dass er mich als Mönch haben will. Wir Mönche sind ja Aussteigertypen und leben gegen den Trend, gegen den Zeitgeist, der sagt: Mache die Nacht zum Tag und verschlafe das Leben. Der heilige Benedikt, unser Ordensvater, hingegen sagt: Steh früh auf, um das Tageslicht dazu zu nützen, Gott zu loben. So sind wir Ordensleute in der Regel Frühaufsteher. Was nicht heißt, dass uns das frühe Aufstehen nicht auch schwerfallen kann. In meinem Kloster in Heiligenkreuz versammeln wir uns sogar schon um 5.15 Uhr in der Kirche, um zu beten. Wohlgemerkt: jeden Tag! Meist bin ich aber schon um 4.45 Uhr an meinem Computer, um die E-Mails zu checken. Da verschaffe ich mir Übersicht über den Tag, beantworte rasch das eine oder andere. Und ich nehme auch die Sorgen und Anliegen mit ins Gebet, denn viele schreiben ja, weil sie sich hilflos und verlassen fühlen …

Auf Schüler oder Studenten macht es immer Eindruck, wenn ich erzähle, dass wir jeden Tag schon um 5.15 Uhr mit dem Gebet beginnen. Auch am Sonntag und an Feiertagen. Das heißt also, jeden Tag um halb fünf aus dem Bett. Eigentlich ist das ja nicht so aufregend, weil viele Leute von Berufs wegen viel früher aufstehen müssen.

Der Morgen ist eine Freude. Und eine noch größere Freude ist das, was wir am Morgen als Mönche machen: Wir denken an Gott, wir loben Gott. Es gibt das Sprichwort: „Morgenstund‘ hat Gold im Mund!“ Jeder, der schon einmal in morgendlicher Frühe dem erwachenden Gesang der Vögel gelauscht hat, wird das bestätigen können. Für uns Mönche könnte man das Sprichwort abwandeln: „Morgenstund‘ hat Gott im Mund“, denn während die meisten Menschen sich noch im Bett kuscheln, beten wir für sie schon zu Gott, der so gut zu uns ist, dass er uns wieder einen neuen, schönen Lebenstag schenken will.

27 – Nicht Kutte, sondern Habit

Ich bin ein Fan unseres Ordensgewandes, ich liebe den „Habit". „Habit" ist der korrekte Ausdruck. Es ist schrecklich, wenn die Leute von „Kutte" reden. Man kann auch „Ordensgewand" sagen, aber bitte nicht „Kutte". Das Wort „Habit" kommt vom lateinischen Wort „habitus". Der „habitus" ist in der Philosophie das „Gepräge", durch das sich das Wesen einer Sache nach außen hin zeigt. Der „Habit" ist also unser „Gepräge", das nach außen hin zeigt, dass wir Menschen sind, die sich Gott geweiht haben. Der Habit „outet" uns sozusagen in der Öffentlichkeit; er drückt aus, dass wir „Christus angezogen haben", wie der Apostel Paulus betont (Galaterbrief 3,27). Wenn wir bei der Einkleidung vom Herrn Abt mit dem Ordensgewand bekleidet werden, spricht er dazu die mahnenden Worte des heiligen Paulus: „Ziehe an den neuen Menschen, der nach dem Bild Gottes geschaffen ist in wahrer Gerechtigkeit und Heiligkeit." (Epheserbrief 4,24) Für mich ist der Habit der Ausdruck meiner persönlichen Bindung an Gott. Ich danke durch das Tragen des Habits Gott für das Beste, das er mir geschenkt hat, nämlich meine Berufung in die Nachfolge Christi, zum Priester und Ordensmann. Und ich drücke damit aus, dass ich sehr gerne so leben möchte wie Christus. Das bodenlange und aus dem Orient stammende Gewand erinnert ja an den Herrn Jesus selbst. Ich möchte durch das Ordensgewand mich selbst und andere an Christus erinnern.

Natürlich bin ich auch dann Ordensmann, wenn ich mit Wanderkleidung in den Bergen herumklettere oder mit der Badehose in einem See schwimme oder in Arbeitskluft meine Klosterzelle putze. Aber wo immer es möglich und sinnvoll ist, trage ich das Ordensgewand. Es ist zwar etwas Äußerliches, aber es beeinflusst meine innere Haltung, es fordert mich in der weltlichen Öffentlichkeit auf, mutig Zeugnis zu geben. Es gibt meiner Seele Form und Richtung. Und der Habit hat auch seine praktischen Vorteile: Im Winter wärmt er. Naja, im Sommer kann es manchmal heiß darunter werden. Wenn ich dann gefragt werde, ob es mir nicht zu heiß sei, antworte ich meistens: „Keine Sorge, unter dem Habit habe ich viel Schatten." Tatsächlich hat das lange Gewand auch eine hitzeabhaltende Wirkung – man denke nur an die Beduinen.

Natürlich fällt man mit dem Habit auf. Es kann schon passieren, dass die Leute verwundert schauen. Interessant ist, dass sie ihn offenbar als Erinnerung an den lieben Gott wahrnehmen. Wenn mir etwa Cliquen von halbstarken Jugendlichen entgegenkommen, dann schauen sie zuerst verdutzt; dann rufen sie oft das nächstbeste religiöse Wort, das ihnen gerade einfällt: „Amen" oder „Jesus" oder „Halleluja". Das ist nie bösartig gemeint. Übrigens rufe ich dann immer auch etwas zurück. Der Habit erleichtert eindeutig die Kontaktaufnahmen und er ist ein Verweis auf den, dem mein Leben gehört.

28 – Morgenrituale

Als Morgenmensch erlebe ich den Morgen immer sehr intensiv. Der frühe Morgen ist meine „philosophischste" Zeit, wo mir die besten Ideen kommen … Das gilt auch für meine Beziehung zum lieben Gott, die ich in der Früh besonders intensiv erlebe. Ich habe da so meine Rituale entwickelt. Als Erstes gehe ich zum Fenster, öffne es und atme tief durch. Es ist schön, die frische Morgenluft einzuatmen. In der Früh ist ja die Luft kühl und rein; das Durchatmen belebt mich, es hilft mir, wach zu werden. Schon das bewusste Einatmen erinnert mich an Gott, denn „Atmen" ist schon in der Bibel ein Symbol für die Verbindung mit Gott. In der Schöpfungserzählung lesen wir, dass Gott den Menschen aus Ackerboden formt. Und dann haucht er ihm den Lebensatem ein; und dadurch wird Adam zu einem lebendigen Wesen. Dieses Bild will sagen, dass der liebe Gott uns Menschen beleben will. Normalerweise atmen wir unbewusst. Dieses bewusste Durchatmen in „Allerherrgottsfrüh“ lässt mich an den lieben Gott denken, der mir das Leben geschenkt hat und mich an diesem neuen Tag begleiten will. Mit Gott hat man einfach einen längeren Atem, um den neuen Tag zu bewältigen.

Zu meinen morgendlichen Aufstehritualen gehört, dass ich mich mit kaltem Wasser wasche. Zuerst das Gesicht. Da bin ich gleich hellwach. Dann lasse ich den eiskalten Wasserstrahl über meine Hände laufen. Der Kreislauf wird angeregt, denn ich muss ja schon in der Früh konzentriert sein, weil ich zwei Stunden Gebet vor mir habe. Das Wasser ist eines der wichtigsten christlichen Symbole: Ohne Wasser kein Leben. Darum ist Wasser auch Symbol für das göttliche Leben. Bei der Taufe bedeutet das Wasser Gott selbst: Gott schenkt dem Täufling ewiges Leben. Freilich: beim Taufen verwende ich als Priester immer gut vorgewärmtes Wasser, damit das Baby sich nicht verkühlt. Aber die Bedeutung ist gleich: Gott möchte uns Leben schenken. Wenn ich dann zum Morgengebet die Kirche betrete, bekreuzige ich mich mit Weihwasser. Das tut man immer, wenn man als Christ vor Gott hintritt. In jeder katholischen Kirche gibt es im Eingangsbereich ein Weihwasserbecken, um dieses Wasserritual zu vollziehen. Weihwasser hatte man früher auch in den Wohnungen. Wasser erinnert uns, dass der liebe Gott uns innerlich beleben und glücklich machen will. Das Bekreuzigen mit Wasser lässt uns daran denken, dass Gott uns in der Taufe schon auf das ewige Leben hin erlöst hat.

Wenn mein Wecker jeden Tag um 4.30 Uhr läutet, ist es noch stockfinster. Da ich täglich so früh für das Morgengebet aufstehe, wache ich automatisch auf, meist vor dem Weckerläuten. Dann kommt der Augenblick, wo ich das Licht einschalte. Auf die Dunkelheit der Nacht folgt das Licht des Tages. Ohne Licht kein Leben. Darum ist Licht eines der stärksten Symbole für Gott. Als Kind habe ich mich am Abend gefürchtet, wenn meine Eltern das Licht ausgeschaltet haben. Meine Mutter hat mich beruhigt: „Der liebe Gott passt auf dich auf." Das Wissen, dass Gott da ist, hat meine Angst vertrieben. Gott vertreibt den Schrecken der Dunkelheit.

Für uns ist das Licht viel zu selbstverständlich geworden. Wie hilflos wir ohne Licht sind, sehen wir erst, wenn der Strom ausfällt. Oder wenn die Nachttischlampe kaputt ist. Wie schrecklich ist das, wenn man auf den Schalter drückt und es finster bleibt. Als Frühaufsteher wird es mir täglich geschenkt, dass ich dieses „Hellwerden" miterleben kann. Wenn wir Mönche kurz nach 5 Uhr mit dem Gebet beginnen, ist es zunächst ganz finster, doch langsam wird es heller: Die mittelalterlichen Glasfenster unserer Abteikirche in Heiligenkreuz beginnen zu leuchten, wenn dann während der heiligen Messe die Sonne aufgeht: Gott ist Licht und will unser Leben hell machen.

Die Sonne macht das Licht, daher ist die Sonne ein göttliches Symbol. Das spiegelt sich in unseren Kirchenbauten und in unserer Liturgie wider: Die Sonne spendet uns Energie, Kraft und Leben. Und Gott strömt mit seiner Gnade auch auf unsere Erde. Wir glauben, dass das vor allem in der heiligen Messe geschieht: In der Eucharistie strömt göttliches Leben in unsere Seele. Darum sind unsere uralten Kirchen auch nach Osten hin ausgerichtet, weil dort die Sonne aufgeht. Darum sind die Hostien, die wir bei der Messe verwenden, auch sonnenrund. Wenn der Priester den Leib Christi emporhebt, dann ist das wie ein Sonnenaufgang für die Seele. Ich bitte Gott immer dabei: Lass deine Freude wie die Sonne in alle Herzen scheinen.

5. GOTTES BODENPERSONAL

29 – Ein großer Tiergarten …

Ein Kloster ist eine ganz eigentümliche Form von Gemeinschaft. Bei uns ist es doch wesentlich anders als in den Familien: Wenn ich heirate, dann habe ich die Freiheit, mir meine Frau selbst auszuwählen. Zwar muss ich dann die Schwiegereltern und die Verwandtschaft, in die ich einheirate, auch „in Kauf nehmen", aber immerhin habe ich diese schöne Zweisamkeit mit meiner Ehefrau. Im Kloster ist das anders. Im Kloster ist man, weil der liebe Gott einen ruft. Primär geht es um eine Gemeinschaft mit dem lieben Gott, sekundär verwirklichen wir diese Gottesgemeinschaft innerhalb der Menschengemeinschaft unseres Klosters.

Da kommen sehr unterschiedliche Typen und Charaktere zusammen. Unlängst nahm ich an einer großen Priesterweihe im Stephansdom zu Wien teil. Das Sakrament der Priesterweihe wird gespendet, indem der Bischof die Hände auflegt und dazu das Weihegebet spricht. Nach Kardinal Schönborn legten auch alle anwesenden Priester – es waren über 200 – die Hände auf. Der Zufall hatte es so gefügt, dass ich während dieser Zeremonie, die sich über eine halbe Stunde hinzog, gerade so zu stehen kam, dass ich die lange Reihe der Priester gut beobachten konnte. Ich schaute mir die Gesichter und Gesten an und dachte mir: Wie verschieden wir doch alle sind: jung und alt, verträumt und energiegeladen, schusselig und effizient, fromm und energisch, innig und oberflächlich … Mir kamen beim Beobachten viele solche Eigenschaftsworte in den Sinn, um meine Mitbrüder zu charakterisieren. Neben mir stand ein befreundeter Priester, der vor seiner Berufung eine erfolgreiche weltliche Karriere absolviert hatte. Als hätte er meine Gedanken gelesen, flüsterte er mir irgendwann ins Ohr: „Der Herrgott hat einen großen Tiergarten."

Ja, wir sind alle verschieden. Aber ist das nicht überall so? Wie ist es im Beruf, am Arbeitsplatz, innerhalb der Verwandtschaft? Auch da gibt es eine große „Artenvielfalt". Und das ist gut so. Freilich muss man sich auf diese Verschiedenheit einstellen. Das geht, indem man bei sich selbst beginnt: Ich muss mich so annehmen, wie ich bin. Auch ich bin etwas Einmaliges, ein Prototyp, ein Original. Es gibt kein Duplikat. Und gerade in dieser Einmaligkeit, mit meinen Talenten, Stärken und Begabungen, muss ich mich in die Gemeinschaft einbringen. Aus Ich soll Wir werden – aber nicht, indem ich mein Ich auslösche. Das heißt aber auch, dass ich den anderen in seinem Anderssein annehme.

Statt neidisch oder verärgert zu sein, sollten wir uns über den Reichtum freuen, der in der Verschiedenheit liegt. Weg mit der Eifersucht, sie ist ein Werk des Teufels. Sie kennen ja den Spruch: „Als Gott den Menschen schuf, schuf der Teufel den Kollegen." Lassen wir die anderen sein, wie sie sind, und seien wir froh, dass wir so sind, wie wir sind. Freuen wir uns, dass der liebe Gott in seinem Tiergarten für so viele verschiedene Arten Platz hat.

30 – Priester heute

Gibt es Gott? Ich bin in einer glücklichen Situation. Als Rektor unserer Hochschule erlebe ich fast jede Woche einen Beweis für die Existenz Gottes. Unsere Hochschule wurde 1802 mit dem Ziel gegründet, den Ordens- und Priesternachwuchs auszubilden. Unser Schwerpunkt ist bis heute die Priesterausbildung, und das hat sich im deutschen Sprachraum herumgesprochen. So habe ich sehr oft die Freude, dass junge – und manchmal ältere – Männer bei mir im Rektorat sitzen und mir dann eröffnen, dass sie Priester werden wollen. Wenn sie mir ihre Lebensgeschichten erzählen, dann sind das für mich Momente, in denen ich die Existenz Gottes sehr handgreiflich erlebe. Denn keiner würde diesen Schritt machen, wenn er nicht eine ganz tiefe Gotteserfahrung gemacht hätte.

Wer einmal die Begeisterung der Gläubigen bei einer Priesterweihe oder bei einer Primizmesse miterlebt hat, der weiß, dass das „Volk Gottes“ einen guten Instinkt hat. Denn wenn einer Priester wird, dann tritt er nicht einfach einen Job an, sondern dann wird er gleichsam zu einem lebendigen „Gottesbeweis“. Hinter jeder Berufung steht Gott, und zwar direkt und unmittelbar. Niemand wird Priester, Ordensfrau oder Ordensmann, wenn nicht Gott ihn oder sie in besonderer Weise ruft – beruft! Berufung ist ein Spezifikum des christlichen Gottes, des Gottes der biblischen Offenbarung. Solche Berufungen werden uns dutzendweise in den Evangelien geschildert: Jesus sagt einfach: „Folge mir!“, und schon lassen die Fischer am Ufer buchstäblich alles liegen und stehen und folgen Jesus nach. Hier die Souveränität des rufenden Gottes, dort die Reaktion des getroffenen und betroffenen Menschen.

Gott ruft! Souverän, spontan, ungefragt, ungebeten, oft unangenehm. Gott wirft die eigenen Lebenspläne durcheinander. Berufung und Beruf ist ja nicht dasselbe. Ein Beruf liegt in der Ordnung der Natur. Eine Berufung liegt in der Ordnung der reinen Gnade. Es entspricht der Natur von uns Menschen, die wir von Gott als Mann und Frau geschaffen wurden, dass wir hingeordnet sind auf das gemeinsame Leben in der Ehe. Doch es entspricht ebenso dem übernatürlichen Eingreifen Gottes, dem Ruf Christi des Erlösers, dass ein Mann oder eine Frau auf diese natürliche Gemeinschaft verzichtet, um in einer übernatürlichen Gemeinschaft mit Christus dem Herrn zu leben. „Wer das erfassen kann, der erfasse es!“ (Matthäusevangelium 19,12) Darum ist jeder, der heute Ordensfrau, Ordensmann oder Priester wird, ein wandelnder Beweis für die Wirkmächtigkeit Gottes.

Zugleich muss ich aber gestehen, dass wir Priester den Gläubigen, die die „Berufenen“ ehren und damit Gott, der dahintersteht, oft viel abverlangen: weil ja offensichtlich ist, dass wir trotz des Wunders der Berufung und der Gnade der Priesterweihe Sünder sind und Sünder bleiben. Wie sehr müssen Gläubige oft durch unser schlechtes Vorbild, unser falsches Verhalten und unsere unchristliche Art leiden! So wie es die heiligen Priester gibt, gibt es auch immer die unheiligen. Aber ist das nicht überall so? Und ist es nicht auch eine Spezialität unseres Gottes, der gekommen ist, um die Kranken zu heilen: dass er auch und oft gerade die in seinen Dienst nimmt, die dazu nach menschlichen Maßstäben gar nicht so geeignet sind. Paulus schreibt an die Korinther: „Seht doch auf eure Berufung, Brüder! Da sind nicht viele Weise im irdischen Sinn, nicht viele Mächtige, nicht viele Vornehme, sondern das Törichte in der Welt hat Gott erwählt, um die Weisen zuschanden zu machen, und das Schwache in der Welt hat Gott erwählt, um das Starke zuschanden zu machen. Und das Niedrige in der Welt und das Verachtete hat Gott erwählt: das, was nichts ist, um das, was etwas ist, zu vernichten, damit kein Mensch sich rühmen kann vor Gott." (1. Korintherbrief 1,26–29)

Jeder Priester ist also nicht nur deshalb ein Gottesbeweis, weil Gott mit seiner souveränen Berufungsmacht hinter ihm steht, sondern auch deshalb, weil Gott sich in seiner Schwäche „verherrlichen", weil er uns als seine Werkzeuge verwenden will. Deshalb sind wir in der Nachfolge nicht sündenlos, wenngleich wir uns natürlich bemühen, gegen die Sünde zu kämpfen und so zu leben, wie es dem Evangelium entspricht. Die Leute spüren das auch, was für einen großen inneren Kampf wir da oft zu kämpfen haben.

Streben nach Heiligkeit und Durchlässigkeit für das Wirken Gottes, das ist uns Berufenen aufgetragen. Es ist nicht leicht. Aber schön! Ich bete jeden Tag in der Früh, wenn ich mir das Ordensgewand überziehe, ein Gebet, das in großen Lettern beim Eingang in unser Kloster Heiligenkreuz angebracht ist. Es ist dem „Seidenen Schuh" des französischen Dichters Paul Claudel entnommen. Es ist ein Gebet an Maria, die Pförtnerin unseres Klosters. Es ist die Bitte, dass wir Berufenen dem Reiche Gottes nicht zum Schaden, sondern zur Ehre werden: „Gestatte nicht, erlauchte Pförtnerin, dass ich für dieses Haus, des Türe du bewachst, ein Anlass werde des Niedergangs. Dass ich den Namen, den du mir zu tragen gabst, verrate, und im Auge derer, die mich lieben, aufhöre, ehrenwert zu sein. O große, ehrfurchtgebietende, liebe Mutter. Amen."

31 – Brauchen wir einen Papst?

Ich bin natürlich ein Fan des Papstes. Besser gesagt: Ich bin ein gläubiger Christ, der dankbar dafür ist, dass Christus seine Kirche durch das Papstamt leitet. Und darüber hinaus bin ich ein Theologe, der dafür dankbar ist, dass es diesen konkreten Papst gibt, der jetzt die Kirche leitet. Aber bei aller Dankbarkeit für die Genialität der Päpste, die ich erleben durfte, gilt unser „Vivat" zuerst einmal nicht dem Menschen, sondern dem Amt. Mir ist aber bewusst, dass Päpste das Potenzial haben, aufzuregen und abzustoßen. Das wurde mir schon als 17-Jährigem bewusst, als ich 1981 mit einer katholischen Jugendgruppe auf „Missionseinsatz" in der Schweizer Stadt Zürich war. Die reichste Stadt Europas war damals auch die Stadt mit dem größten Drogenproblem. Wir besuchten die Drogensüchtigen, die ein Haus in der Nähe des Bahnhofs besetzt hatten. Das waren eigentlich sehr gesprächsbereite und hilfsbedürftige Menschen. Doch gleich im Eingangsbereich war ein Bild des damals so jungen Johannes Paul II. aufgehängt, aber kein ehrendes, sondern ein schockierendes. Man hatte das Bild so verunstaltend bemalt, dass aus dem Mund des Papstes Blut floss … Aber man muss nicht zu den gewaltbereiten Autonomen gehen, um Ressentiments gegen Papst oder Papsttum zu finden.

Hans Urs von Balthasar, mein Lieblingstheologe, hat 1974 ein eindrucksvolles Buch mit dem Titel „Der antirömische Affekt“ veröffentlicht. Die 1970er Jahre, das war die Zeit des Pontifikats Pauls VI., dem man wegen des Festhaltens am Zölibat, wegen seiner Bekräftigung der notwendigen Offenheit für Fruchtbarkeit im ehelichen Zeugungsakt – Stichwort „Humanae Vitae“ – inmitten einer ungeheuren außer- und innerkirchlichen Denk- und Kulturrevolution – Stichwort „1968er Jahre“ – Rückständigkeit und Verrat am Geist des Konzils vorwarf.

Vor Kurzem habe ich ein ebenso schnoddrig wie witzig geschriebenes Buch des ausgetretenen Dominikaners Hans Conrad Zander gelesen, „Zehn Argumente für den Zölibat“. In seinem letzten Argument vertritt er die These, dass wir Christen im Westen es nicht verkraften können, plötzlich zu einer „kognitiven Minorität“ geworden zu sein.

Wir haben deshalb angefangen, uns zu schämen. Zander sagt, dass wir Katholiken heute unter einem kollektiven Minderwertigkeitskomplex litten. Es beschämt uns, dass wir uns zu Werten wie Unauflöslichkeit der Ehe, Kinderfreundlichkeit, Zölibat und überhaupt zu einer so antitrendigen Morallehre bekennen sollen. Wir fühlen uns als Exoten und Außenseiter und wären so gerne wie die „kognitive Majorität". Aber ach! Da gibt es halt einige, die lassen uns nicht so sein wie alle anderen: das sind der Papst und die von ihm eingesetzten Bischöfe. Hier hat Zander wohl recht: Im Denken vieler Katholiken ist „der Papst" der Hauptschuldige an der vermeintlichen Unzeitgemäßheit und Antimodernität der Kirche.

Aber nicht Menschliches, nicht Endliches, nicht bloß gewieftes Vereinsmanagement ist die Aufgabe, die der Papst zu erfüllen hat, sondern er ist das Amt, wo sich das Geleitetsein der Kirche durch Jesus Christus personal konkretisiert.

Brauchen wir den Papst also? Ja, klar! Damit wir nicht untergehen, damit wir nicht der Gefahr erliegen, unserer neuzeitlichen Psychose nachzugeben und uns in der säkularen und gottlosen Welt aufzulösen. Dabei sucht inzwischen gerade diese Welt, auch wenn sie spottet, genau nach solchen „Felsen", nach dem, das Bestand hat. „Wer nicht mit der Zeit geht, muss mit der Zeit gehen." Gott behüte uns davor! Ja, er behütet uns tatsächlich davor, eins seiner Schutzmittel ist das Papsttum. Das konkrete Amt des Papstes, die konkreten Entscheidungen des Papstes bewahren uns davor, den Glauben in einen Nebel beliebiger Ansichten und Meinungen aufzulösen.

Brauchen wir einen Papst? Natürlich brauchen wir einen Papst. Nicht nur, weil jede Firma einen Chef braucht, jeder Verein einen Obmann, jede Armee einen General. Die Kirche ist aber keine Firma, kein Verein, keine Armee. Sie hat keine militärischen Strukturen, der Papst ist auch kein machtbesessener Diktator, der nach Belieben was auch immer befehlen kann. In der Kirche gibt es nur einen Herrn, und der ist Christus. Wenn wir den Papst als „vicarius Christi" titulieren, so ist das nicht mit „Stellvertreter" zu übersetzen. Wo im weltlichen Bereich ein „Stellvertreter" agiert, da ist der eigentliche Inhaber der Aufgabe nicht anwesend. Wenn der Vizebürgermeister den Bürgermeister „vertritt", so ist der Bürgermeister eben nicht da. Das lateinische „vicarius" bedeutet aber genau das Gegenteil. Das Oberhaupt der Kirche ist allein Christus, der Papst versichtbart nur den die Kirche leitenden Herrn, er ist, wie man sagt, der „Stellvertreter Christi". Der Papst ist der konkrete Platzhalter für Christus, der selbst seine Kirche in der

Kraft des Heiligen Geistes leitet. Für diese Funktion ist der Papst unverzichtbar und unersetzbar. Papst. Jesus sagt zu dem Mann, den er als ersten „Felsen" der Kirche eingesetzt hat: „Petrus, stärke deine Brüder!" (vgl. Lukasevangelium 22,32) Wir brauchen diese Stärkung, damit wir froh und unverkrampft rufen können: „Viva il Papa!"

32 – Küssen in der Kirche

Hand aufs Herz: Haben Sie schon bemerkt, dass beim Gottesdienst geküsst wird?

Kein Mensch kann ohne Küssen leben. Das klingt etwas provokativ, ist aber einfach so. Man muss nur den Fernseher einschalten, um küssende Menschen zu sehen. Der Kuss ist die gesellschaftliche Ausdrucksform von Zusammengehörigkeit, Zärtlichkeit und Liebe. Welch hohen Sensationswert das Küssen hat, merke ich immer bei den Hochzeiten. Dort ist ja nach der Spendung des Sakramentes, wo sich Braut und Bräutigam gegenseitig die Hingabeliebe bis zum Tod versprochen haben, die Möglichkeit vorgesehen, dass sich die beiden öffentlich küssen. Die Formel „Sie dürfen die Braut küssen" gibt es übrigens nicht in der offiziellen Liturgie, das ist aus der Kitschwelt von Hollywood in unsere Vorstellungswelt eingedrungen. Das Küssen bei der Hochzeitszeremonie in der Kirche kann sein, muss aber nicht sein. Es ist vom Sakrament her eine Nebensächlichkeit, aber für die Kameras, die auf das Paar gerichtet sind, ist es die hauptsächlichste Hauptsache. Vielleicht ist es auch deshalb so interessant, weil es das Vorurteil gibt, dass die Kirche leibfeindlich sei. Das ist Nonsens. Also kussfeindlich ist unsere katholische Liturgie jedenfalls ganz und gar nicht, freilich geht es da um eine andere Form von Liebe als die zwischen Mann und Frau: um die Liebe zwischen Mensch und Gott, Gott und Mensch.

Wie und wo geküsst wird, das ist in den einzelnen Kulturkreisen verschieden. Man küsst aber immer mit dem Mund, mit den Lippen. In meiner Familie ist es auch ganz selbstverständlich, dass sich nahe Verwandte mit einem Busserl auf die Wange begrüßen oder verabschieden. Die Soziologen erklären uns, dass diese früher ganz selbstverständlichen Kuss- und Berührungsrituale heute deshalb aussterben, weil unsere Gesellschaft seit den 1960er Jahren zusehends sexualisiert, ja pornographisiert ist. Wir haben die Unschuld im Denken verloren, das ist jammerschade.

Das Küssen ist etwas Sinnenhaftes, und darum hat es auch in unserer katholischen Liturgie seinen Platz. Wir sind ja die Religion des menschgewordenen Gottes: Der unendliche und unfassliche Gott hat sich in Jesus Christus endlich und anfassbar gemacht. Das Göttliche drückt sich im Menschlichen aus, das Geistige im Sinnlichen. In den Gottesdiensten, die wir feiern, geht es darum, durch leibliche Riten und Gesten, durch Bewegungen und Gesänge das Göttliche einzufangen und auszudrücken. Wenn es im christlichen Glauben darum geht, dass Gott uns liebt und dass wir diese Liebe erwidern sollen, dann ist klar, dass es ohne Küssen keinen katholischen Gottesdienst geben kann. Küssen ist eben das schönste Zeichen der Liebe. Es drückt die Hingabe und die Zusammengehörigkeit aus. Und genau darum geht es bei der heiligen Messe: um die Liebe zu Gott.

Wann wird also geküsst im Gottesdienst? Insgesamt dreimal: Am Anfang und am Schluss der heiligen Messe küsst der Priester den Altar. Der Altar ist jener heilige Ort, auf dem Christus unter der Gestalt von Brot und Wein – also wiederum „sinnenfällig" – gegenwärtig wird. Der Altar ist der Mittelpunkt jeder Kirche. Vom Altar her schenkt Gott uns seine Liebe. Der Priester drückt seinen Kuss auf den Altar, und in diesen seinen Kuss sind stellvertretend auch alle anderen eingeschlossen. Freilich merken die Gläubigen das meistens nicht. Dabei sollte genau zu diesem Zeitpunkt ein Ruck durch die Seelen der Mitfeiernden gehen. Der Kuss ist ein Signal an die Gemeinde, worum es jetzt allen gehen muss: um Liebe und Zusammengehörigkeit, um Dank und Hingabe an Gott. Nachdem der Priester das Evangelium verkündet hat, hebt er das Buch und singt: „Evangelium unseres Herrn Jesus Christus!“ Und während das Volk antwortet: „Lob sei dir, Christus“, küsst er das Evangelienbuch. Der Kuss gilt Christus selbst, der im Evangelium zu uns gesprochen hat.

Dieses liturgische Küssen ist natürlich nicht sehr auffällig. Wir Priester machen das eher dezent. Aber es symbolisiert doch etwas ganz Wichtiges: Gott liebt uns – und wir lieben zurück!

33 – Ein singender Pfarrer

Wir Priester sind ein bunter Haufen von Originalen, und das ist gut so. In der Welt ist es, entschuldigen Sie, nicht viel anders. Ich erinnere mich an einen alten Mitbruder bei uns im Stift, der auch so ein origineller Exzentriker war. Jeden Tag kletterte er schon um drei Uhr früh auf den Bodenberg, den Hausberg unseres Stiftes hinauf, um sich fit zu halten. Und wenn er dann allein im Wald war, stieß er brüllend Urlaute aus, denn das „Ausbrüllen“, so sagte er, macht die Lunge und die Seele frei … Als ich als frisch eingetretener Novize eines Tages den Weg zum morgendlichen Chorgebet um 5 Uhr über den Klostergarten wählte, erschrak ich furchtbar, als da plötzlich aus dem nebeligen Wald ein lautes Brüllen und Grunzen näherkam. Und wie staunte ich, als dann nicht ein Rudel röhrender Hirsche, sondern ein ehrwürdiger älterer Pater mit Knickerbocker und Wanderstock aus dem Morgennebel auftauchte. Als dieser Pater Jahre später starb, meinte ich zum Herrn Abt: „Wie schade, dass die Originale aussterben." Der Abt aber schmunzelte und meinte: „Also da brauchst du dir keine Sorgen machen, in der Kirche kommen die Originale immer wieder nach!"

Tatsächlich! Ich meine den steirischen Pfarrer Franz Brei. Franz hat sein Theologiestudium an unserer Hochschule im Stift Heiligenkreuz absolviert. Mindestens ebenso originell wie der verstorbene Bergsteiger-Pater, freilich mit dem Unterschied, dass Pfarrer Franz Brei seine wunderschöne Stimme erfolgreich einsetzt und in der Unterhaltungswelt der Volksmusik ein kleiner Star geworden ist.

Die Karriere des singenden Pfarrers von Hatzendorf und Unterlamm hat sich schon früh abgezeichnet. Ich erinnere mich noch mit Vergnügen an ein Treffen aller Priesterstudenten des deutschen Sprachraumes, bei dem sich jedes Priesterseminar durch eine Theatereinlage oder ein Gesangsstück präsentieren sollte. Leider hatte man das der Leitung unseres Priesterseminars vorher nicht rechtzeitig gesagt, sodass die Studenten nichts vorbereitet hatten. Eine schlimme Situation, denn ein Seminar nach dem anderen präsentierte nacheinander originelle Gesangseinlagen oder mitreißende Sketches. Bei unseren Studenten breitete sich Nervosität aus. Außer bei Franz Brei! Der erkletterte zusammen mit einem bayerischen Priesterstudenten selbstbewusst die Bühne, und dann improvisierte man halt einfach. Man muss dazu sagen: Im Saal saßen mehrere Bischöfe, viele Prälaten und Monsignores und 500 Priesterstudenten. Alles kein Problem für unseren Franz: Zuerst brachte er ein humorvolles „Grußwort" von Papst Johannes Paul II., dessen Stimme er perfekt imitieren konnte. Dann zückte der andere Priesterstudent, der vor seiner Berufung in einer Band gespielt hatte, die Ziehharmonika – und ab ging die Post! Da wurde gesungen, gejodelt und geklatscht – sodass auch die etwas steifen Prälaten und Monsignores nicht anders konnten als mitzuklatschen und mitzuschunkeln. Am nächsten Tag klopfte man uns überall auf die Schulter: „Das war toll gestern, ihr Heiligenkreuzer habt den lustigsten Beitrag geliefert!"

Heute hat Franz Brei als Star der Volksmusik viele Fans; natürlich gibt es einige, die das für einen Pfarrer nicht passend finden, wenn er im priesterlichen Gewand auf der Bühne steht und umgeben von dirndlbekleideten Schönheiten seine Lieder singt. Aber hat nicht unser Herr Jesus Christus zu seinen Aposteln gesagt: „Geht hinaus in die ganze Welt und verkündet das Evangelium allen Geschöpfen!" (Markusevangelium 16,15) Gilt dieses Wort nicht auch für seine heutigen Priester? Als früherer Lehrer von Pfarrer Brei weiß ich, dass sein Weg zum Priestertum von Widerständen und Rückschlägen geprägt war. Franz hat es nicht leicht gehabt, aber der Himmel hat offensichtlich Regie geführt. Die Karriere in der Musikwelt hat er nicht selbst gesucht, aber als sich ihm die Chance bot, aus den „normalen Bahnen" des priesterlichen Dienstes hinauszutreten, hat er sie gerne ergriffen. Eben weil Jesus sagt: „Geht hinaus in die ganze Welt!" Nie würde es dem Sänger Franz Brei einfallen, wegen seiner musikalischen Auftritte seinen priesterlichen Dienst zu vernachlässigen. Aber er ist auch bereit, sich nicht in Pfarrkanzlei und Sakristei zu verstecken, wenn er den lieben Gott auch dort gegenwärtig machen kann, wo er sonst nie vorkommt: in der Unterhaltungswelt vor vielen Menschen, die glaubenslos und kirchenfern sind. Plötzlich tritt da auf der Bühne ein Pfarrer auf, der nicht nur gut singt, sondern auch Gemütlichkeit und Freundlichkeit ausstrahlt. Ich bin mir sicher, dass der liebe Gott dem Franz deshalb dieses Talent geschenkt hat, weil er ihn als eine lebendige Werbefläche für die Kirche verwenden wollte.

Übrigens: Als es dem lieben Gott offensichtlich zu viel war mit der Medienpräsenz des singenden Pfarrers, stürzte dieser bei einer Pferdesegnung vom Pferd. Er nahm es als „Zeichen vom Himmel", steckte danach zurück und ist nun wieder „nur" ein normaler Pfarrer in der Steiermark, der freilich weiterhin viele Menschen für den lieben Gott gewinnen wird.

34 – Über Gott reden

Ich weiß nicht, ob ich mir das einbilde, oder ob man es auch statistisch nachweisen kann. Ich habe jedenfalls den Eindruck, dass man heute einigermaßen intelligent sein muss, um gläubiger und überzeugter Christ zu sein. In unserer westlichen Gesellschaft sind alle „äußeren Stützen" weggefallen, die es früher gegeben hat. Früher war etwa der sonntägliche Kirchgang eine Sache, die zur Lebenskultur der Menschen gehört hat. In dörflichen Gemeinschaften war es einfach der soziale Druck, der dazu geführt hat, dass man in die Kirche gegangen ist. Heute ist es umgekehrt. Musste man sich früher schämen, wenn man nicht da war, so kommt man sich heute oft wie ein „Outlaw" vor, ein Aussteiger und Außenseiter, wenn man in die Kirche geht.

Ich kenne ReligionslehrerInnen, die wahre MärtyrerInnen sind: Sie wollen von Gott reden, und niemand interessiert sich. Scheinbar niemand, denn in Wirklichkeit ist ja Gott die Sehnsucht eines jeden menschlichen Herzens. Die Propaganda des Meinungsmainstreams sagt uns derzeit aber: Es ist uncool, öffentlich religiös zu sein … Ich bewundere Menschen, die unbedingt andere mit Bildung über Gott beschenken wollen. Ich behaupte, dass ein solcher Idealismus etwas geradezu Göttliches in die Welt hinein abspiegelt. Unser Gott verhüllt sich nicht in einer abgehobenen Transzendenz. Er versteckt sich nicht vor uns Menschen, sondern er teilt sich uns mit. Die gesamte jüdisch-christliche Offenbarung bezeugt doch, dass Gott sich uns mitteilen möchte.

Seit über 3000 Jahren spricht Gott uns Menschen an: durch Abraham, durch Mose, durch die Propheten … Von Jesus Christus glauben wir, dass er nicht nur Worte über Gott sagt, sondern dass er selbst Gott in Menschengestalt ist. „Und das Wort ist Fleisch geworden." (Johannesevangelium 1,14) Gott ist Mitteilung in Person. Wir nennen diesen Mitteilungsdrang Gottes „Offenbarung". Das Wort kommt vom althochdeutschen „aufbahren": etwas so sichtbar machen, dass es alle sehen können!

Darum hat das Christentum eine ungeheure Dynamik der Wissensweitergabe in die Welt gebracht, ohne die unser heutiger Fortschritt nicht möglich wäre. Die uralten Bibliotheken unserer Klöster zeugen übrigens auch von dieser Leidenschaft, Wissen und Bildung weiterzugeben. Und es ist eine Gnade, wenn es Menschen gibt, die diese Leidenschaft Gottes in unsere konkrete Geschichte hinein umsetzen.

35 – Seelentraining

Bei vielen Begegnungen denke ich mir oft: Warum sind die Leute innerlich so kaputt und ausgepowert? Vielleicht deshalb, weil wir die Tankstellen zu wenig anfahren, in denen wir unsere Seele auftanken können. Vielfach sind diese geistlichen Tankstellen, die unsere katholische Spiritualität anzubieten hat, auch einfach viel zu verborgen. Darum möchte ich hier Werbung machen für das, was man „Exerzitien" nennt. Ich behaupte, dass es uns allen viel besser gehen würde mit unserem Seelenleben, wenn wir regelmäßig Exerzitien halten.

Exerzitien sind mehrtägige „geistige Übungen", zu denen man sich aus seinem weltlichen Treiben an einen geistlichen Ort zurückzieht. Exerzitien werden in unterschiedlichen Längen und verschiedenen Formen angeboten, da ist für jeden Geschmack etwas dabei. Ich empfehle vor allem die sogenannten Schweigeexerzitien mit einer Mindestdauer von drei Tagen. Schweigeexerzitien deshalb, weil man in dieser Zeit zwar den Vorträgen eines Exerzitienleiters lauscht, miteinander betet und singt, die heilige Messe feiert usw. – aber privat nicht gesprochen wird. Schweigen

ist nicht bloß still sein um des Stillseins willen. Das Schweigen hat den Zweck, uns innerlich hellhörig zu machen für die Stimme Gottes, die sich sehr bald im Herzen meldet – wenn man sie nur lässt!
Der „Erfinder" der Exerzitien ist der heilige Ignatius von Loyola, der Begründer des Jesuitenordens im 16. Jahrhundert. Er war Soldat, wurde im Kampf am Bein verwundet und hatte während seiner Genesungszeit innere Erlebnisse und Erfahrungen, die sein Leben völlig veränderten. Er war damals 26 Jahre alt und traf bei den Exerzitien seine „Wahl" für ein sinnerfülltes Leben mit Gott. Ignatius erlitt diesen inneren Entscheidungsprozess notgedrungen, da er bettlägerig war und nicht anders konnte, als sich mit sich selbst, mit seinem Leben, mit seiner Seele beschäftigen. Für ihn war es ein innerer Kampf, und deshalb tragen die geistlichen Übungen auch einen so „kämpferischen" Namen. „Exerzitien" kommt von „exercitare", und damit bezeichnete man militärische Übungen. Wir kennen heute noch den Begriff „exerzieren".
Mit kriegerischem Drill haben geistliche Exerzitien aber wirklich nichts zu tun. Es geht darum, sich in der Stille unter Anleitung eines Exerzitienleiters auf das Abenteuer einzulassen, seine eigene Seele besser kennenzulernen und ihr von Gott neue Kraft und neue Orientierung zu

erbitten. Am besten übersetzt man „Exerzitien“ mit dem neudeutschen Wort „Training“, und zwar „Training der Seele“. Für das körperliche Training gilt der Satz: „No pain, no gain!“ – „Ohne Anstrengung kein Gewinn!“ – „Ohne Fleiß kein Preis.“ Das gilt auch für Exerzitien, denn diese sind etwas anderes als ein faulenzerischer Wellnessurlaub. Um es klipp und klar zu sagen: Wer nur abschalten will, der soll besser einen Thermenurlaub buchen, denn auch im Whirlpool kann man wunderbar relaxen. Bei den Exerzitien geht es nicht darum, die Seele abzuschalten, sondern sie einzuschalten. Geistliche Exerzitien sind Erholung durch Aktivierung der Seelenkräfte hindurch: In der Stille kommen Gefühle hoch, die verarbeitet werden müssen; in den Vorträgen des Exerzitienleiters weitet sich die Perspektive; in der Einsamkeit, die einen plötzlich überfallen kann, muss man Beziehungen neu bewerten und die Frage nach Ziel und Sinn des Lebens tiefer stellen. Auch die Feier der heiligen Messe kann zu einer neuen Erfahrung der Nähe Gottes führen. Schließlich wird bei Exerzitien auch immer das Bußsakrament angeboten, damit man das, was im Leben misslungen ist, hinter sich lassen kann. Beichten kostet Überwindung, aber danach kann man neu durchstarten. Exerzitien sind wirklich ein intensives „Training für die Seele“. Ich kann Exerzitien gar nicht genug anpreisen. Die jährlichen Exerzitien, die wir im Kloster haben, kommen mir immer vor, als würde der liebe Gott meinem Lebensrad, das sich immer schneller und besinnungsloser dreht, in die Speichen greifen. Es ist ein Boxenstopp, wo ich entschleunigen und innehalten kann: Verkrustetes fällt ab, das Leben gewinnt Tiefe, Nebel lösen sich auf, eine neue Dynamik durchströmt mich. Es ist wie beim körperlichen Training: Danach ist man einfach fitter als vorher!

6. DIE KRAFT DES KULTES

36 – Gut geölt

In jeder Religion geht es um den unsichtbaren und unfasslichen Gott. Wie aber soll man von etwas reden, das definitionsgemäß alle Grenzen der Vorstellung durchbricht? Die Antwort lautet: durch Symbole! Auch unser christlicher Glaube lebt von Symbolen. Den wenigsten Christen ist bewusst, dass ihr Name „Christ" von einem solchen Symbol abgeleitet ist, nämlich vom „Öl". Christ wird man durch die Taufe. Man erhält den Namen dessen, an den man glaubt, den Namen Jesu Christi. Es sollte uns auffallen, dass wir nicht „Jesuaner" genannt werden, sondern „Christen". Jesus ist der irdische Eigenname, Christus aber ist gleichsam der Amtstitel, der Wirkungsname für Jesus. Das griechische „christos" ist die Übersetzung des aramäischen Wortes „meschicha" bzw. des hebräischen „maschiach" und bedeutet „der Gesalbte". Eingedeutscht sprechen wir vom „Messias". „Christus" heißt also „Messias"; so gesehen bedeutet der Name „Christ", den wir durch die Taufe empfangen haben, dass wir Anteil erhalten am „Messiastum" Jesu. Ich finde es schön, dass wir im Deutschen nur die lateinische Endsilbe „-us" weglassen, um jene zu bezeichnen, die an Christus glauben und durch die Taufe zu ihm gehören.

Durch die Taufe wird jemand ein „Christ"; theologisch korrekt könnte man genauso gut sagen: „Durch die Taufe wird man Christus." „Taufe" kommt ja von „tauchen". Früher hat man bei der Taufe die Täuflinge auch wirklich ganz untergetaucht in diesem Symbol des Lebens, im Wasser, um zu zeigen, dass sie eingetaucht werden in das Geheimnis des Lebens, Sterbens und Auferstehens Christi.
Und das hat eben etwas mit dem Öl zu tun, denn im Alten Testament wurde einer zum König oder zum Priester eingesetzt, indem ihm Öl über das Haupt gegossen wurde. So etwa wurden Saul und David zu Königen „gesalbt". Und jetzt sind wir es, die den Namen „Gesalbte", also „Christen" tragen. Ein Wiener Pfarrer hat das Wort Christen sogar einmal salopp mit „Geschmierte" übersetzt …
Warum Öl? Öl brauchen wir als Nahrung, Öl brauchen wir als Kosmetik, Öl brauchen wir, um Motoren zu schmieren und Maschinen beweglich zu halten. Ohne Öl geht gar nichts. Darum ist das Öl in seiner positiven Vielfältigkeit ein Symbol für Gott, das wir überall in unserer katholischen Liturgie finden: Gleich bei der Taufe wurden wir mit Chrisamöl am Kopf gesalbt; bei der Firmung wurde uns das Öl in Kreuzesform auf die Stirn gestrichen. Bei der Priesterweihe werden die Hände der Neugeweihten vom Bischof mit Öl gesalbt; und wenn ein Bischof geweiht wird, dann wird

sogar Öl über seinen Kopf gegossen, um zu zeigen, dass er in seiner Diözese wirklich „Christus“, den „Gesalbten“, gegenwärtig machen soll. Schließlich soll die „Ölung“ bei der Krankensalbung den Kranken wieder aufrichten und die Seele stärken für den Heimgang zum himmlischen Vater.
Öl ist vor allem deshalb ein Gottessymbol, weil es ja von unserer Haut absorbiert wird. Für diesen Prozess, den man „Osmose“ nennt, gibt es eine wunderbare deutsche Umschreibung. Wir sagen: „Die Salbe zieht ein.“ Und genau darum geht es: Gott möchte in unser Leben einziehen. Ein Christ sollte also einer sein, bei dem Gott durch die Poren seines Lebens eingezogen ist. Es würde mich freuen, wenn Sie das nächste Mal, wenn Sie mit Salben, Fetten, kosmetischen Cremes, Butter oder Speiseöl zu tun haben, daran denken, dass wir Christen „Geölte“ sind. Das heißt: dass der liebe Gott seit der Taufe in uns „eingezogen“ ist und wir nun auch so leben sollten, dass die anderen das merken.

37 – Warum essen christlich ist

Vor einiger Zeit durfte ich einen Vortrag vor österreichischen Spitzengastronomen halten. Als ich in das Kloster eingetreten bin, hätte ich mir, ehrlich gesagt, auch nicht gedacht, zu welch originellen Veranstaltungen mich der liebe Gott einmal schicken wird. Aber Essen ist auch ein religiöses Thema. Um ehrlich zu sein, habe ich mich unter den Gastwirten, die sich natürlich kulinarisch nur Gutes gegönnt haben, sehr wohl gefühlt. Meine Mitbrüder wissen, dass ich im Hinblick auf das Essen „askeseunfähig" bin.

Man hat mich ins Kloster aufgenommen, obwohl ich so gerne esse. Im Noviziat habe ich noch gegen die Gaumenlust gekämpft. Meine erste Seminararbeit im Theologiestudium habe ich über die biblische Tugend des Fastens geschrieben. Aber all diese Formen der Selbsttherapie haben nichts genützt. Ich liebe es zu essen!

Und schließlich fand ich eine Art Bestätigung im Evangelium. Ich denke, dass es keine andere Religion gibt, die so sehr das Sinnliche des Essens in den Mittelpunkt stellt. Man lese nur einmal die Evangelien! Jesus lässt sich dauernd zum Essen einladen, sogar von Zöllnern und Sündern. Jesus vermehrt Brot und speist Tausende Menschen. Jesus wirkt sein erstes Wunder bei der Hochzeit zu Kana, wo dem Gastgeber der Wein ausgegangen war. Er verwandelt Wasser in Wein. Jesus gibt keine Gebote bekannt, wonach es irgendwelche Einschränkungen bei der Auswahl der Speisen geben soll. Für Christen gibt es keine „unreinen" Speisen oder Getränke. Nach seiner Auferstehung lautet seine erste Frage an die Jünger: „Meine Kinder, habt ihr nicht etwas zu essen?" (Johannesevangelium 21,5)

Und schließlich übergibt Jesus das wichtigste Sakrament, die Eucharistie, in der Gestalt eines Mahles an seine Kirche. Freilich handelt es sich um ein geistliches Mahl, bei dem es um die Gemeinschaft („communio") der Seele mit Gott geht. Die kleine Hostie macht leiblich nicht satt, wohl aber stärkt sie die Seele. Weil der Mensch aber beides ist, Leib und Seele, darum hat es in der frühen Kirche nach der heiligen Messe ein gemeinsames Mahl gegeben, die sogenannte Agape, das Liebesmahl. Davon wieder wissen wir aus dem 1. Korintherbrief – aber leider nur deshalb, weil schon damals Missbräuche entstanden waren: Die Reichen wollten unter sich essen und haben auf die Armen vergessen. Das Liebesmahl nach der Eucharistiefeier funktionierte im kirchlichen Bereich also von Anfang an nicht so toll, deshalb wurde das Essen nach der heiligen Messe gleichsam ausgelagert in den weltlichen Bereich. Kulturgeschichtlich hat sich dann der Brauch entwickelt, gleich neben den Gotteshäusern die Gasthäuser zu betreiben, die Wirtshäuser. Und bis vor Kurzem war es ein Teil der alpenländischen Kultur, dass man sich nach der Sonntagsmesse noch im Gasthaus zusammensetzte. Für Ortsunkundige auf der Suche nach einer Gaststätte gilt noch heute die Regel: „Siehst du, wo ein Haus des Herrn, ist das Wirtshaus nicht mehr fern."

Unsere christliche Kultur ist auf einer positiven Einstellung zu Essen und Trinken aufgebaut, und das sollten wir hoch schätzen! Freilich schmeckt es nur dann so richtig gut, wenn man auch Zurückhaltung und Fasten zu üben gelernt hat. Nach dem Motto der heiligen Teresa von Avila: „Wenn Fasten dann Fasten, wenn Rebhuhn dann Rebhuhn!"

38 – Kniebeuge

Ich stelle nüchtern fest, dass wir heute ziemlich gut über andere Religionen Bescheid wissen, dass aber die Kenntnis unseres eigenen katholischen Glaubens zusehends schwindet. In Europa ist die christliche Religion seit über tausend Jahren fest verwurzelt, daher ist alles so selbstverständlich geworden. In unseren Dörfern ragen die Kirchtürme empor, unsere prachtvollen Kirchen prägen das Landschaftsbild. Was wäre Wien ohne Stephansdom … Diese Selbstverständlichkeit kann auch eine Gefahr sein. Mir ist das bewusst geworden, als wir Heiligenkreuzer Mönche plötzlich wegen unserer Choral-CD „Chant – Music for Paradise" so in der „weltlichen" Öffentlichkeit standen. Plötzlich sah man im Fernsehen – oft sogar in Society-Magazinen – Ausschnitte von uns betenden Mönchen. Damals passierte es mir, dass ein junger Kellner in unserem Klostergasthof, der nur hundert Meter neben dem Kloster liegt, mir anerkennend auf die Schultern klopfte: „Pater Karl, toll macht ihr das! Singt ihr eigentlich öfters?" – „Ja", antwortete ich, „jeden Tag ab 5 Uhr 15 und dann über den Tag verteilt zusammengerechnet zirka drei Stunden …" Der Mann arbeitete schon jahrelang im Klostergasthof und hatte keine Ahnung, was wir Mönche im Kloster direkt nebenan eigentlich tun.

Und das ist unser Problem mit dem christlichen Glauben insgesamt. Es ist alles noch da: Die Kultur ist christlich geprägt, die Priester und Pfarrgemeinden bemühen sich, den Kult, die Liturgie, die Gottesdienste, die Gebräuche, die Feiern und Feste aufrecht zu erhalten. Aber uns fehlt die Gänsehaut der Sensation, der Schauer des Göttlichen, die Faszination des Unfasslichen, das sich im Christlichen verbirgt. Mich bedrückt zum Beispiel, dass die Leute nicht mehr wissen, wie man eine katholische Kirche betritt. Auch wenn ich kein Jude und kein Moslem bin, so werde ich doch beim Betreten einer Moschee die Schuhe ausziehen; und ebenso werde ich in einer Synagoge die Kippa aufsetzen. Das tut man aus religiösem Respekt und aus menschlicher Höflichkeit. Wenn man aber sieht, wie getaufte Christen eine Kirche betreten, kommt einem das Grausen. Nicht einmal ein Museum würde man so ehrfurchtslos betreten.

Der Ritus, der beim Betreten einer katholischen Kirche zu vollziehen ist, ist die Kniebeuge. Beim Eingang bezeichnet man sich mit Weihwasser in Form eines Kreuzes, und dann beugt man die Knie in Richtung Tabernakel. Das ist nicht nur Brauch und Geste, sondern es ist ein Hinweis auf die Substanz des christlichen Glaubens. Im Tabernakel, also in dem goldenen Kästchen, das sich meistens an einer zentralen Stelle des Kirchenraumes befindet, werden die Hostien aufbewahrt. Warum machen wir davor eine Kniebeuge? Weil wir an einen Gott glauben, der zu uns Menschen gekommen ist. Einen Gott, der sich nicht in den Weiten der Transzendenz vor uns versteckt. Vor 2000 Jahren ist Gott Mensch geworden: Jesus Christus. Und am Tag vor seinem Tod, beim letzten Abendmahl, gibt er uns sich selbst in Gestalt eines Sakramentes. Die kleinen weißen Brotstücke, die Hostien im Tabernakel, sind nicht ein Ding, sondern eine Person, ein Jemand: Jesus Christus selbst.

Der ganze katholische Kult ist um dieses Geheimnis herum aufgebaut, dass Gott uns nicht mehr ferne ist, sondern dass er in unserer Mitte gegenwärtig ist, der Emmanuel, der Gott-mit-uns. Darum ragen unsere Kirchtürme wie riesige Zeigefinger in den Himmel hinauf: Hier ist Gott. Darum brennt in unseren Kirchen vor den Tabernakeln das Ewige Licht, um zu signalisieren: Hier wohnt der Ewige Gott, der unser Licht ist. Darum gehen wir zur heiligen Kommunion. Kommunion heißt Gemeinschaft: Um ihn in uns hineinzuessen, den Herrn und Retter Jesus Christus. Jesus sagt ja: „Mein Fleisch ist wirklich eine Speise und mein Blut ist wirklich ein Trank. Wer mein Fleisch isst und mein Blut trinkt, der bleibt in mir, und ich bleibe in ihm." (Johannesevangelium 6,55–56) Es gibt keine mystischere Religion als das gelebte Christentum, denn wir verbinden uns hier nicht nur geistig, sondern in der Kommunion sogar leiblich mit Gott.

Wenn ich Gruppen durch unsere Abteikirche führe, lasse ich die Kniebeuge niemals weg. Oft versuche ich auch, sie den Besuchern zu erklären: dass Gott sich noch viel kleiner gemacht hat, als wir das durch eine kurze Berührung des Bodens mit unserem Knie ausdrücken können. Und dadurch lernt man auch ein Stück Menschsein, denn groß ist der Mensch ja nur dann in der Liebe, wenn er bereit ist, sich im Dienst an den anderen klein zu machen.

39 – Die richtigen Heiligen sind die besseren

In allen Religionen gibt es „das Heilige", das ist nicht nur etwas, was das Christentum kennt. „Das Heilige" ist das Abgesonderte. Das lateinische Wort „sanctus" geht etymologisch auf „sancire" zurück: abgrenzen. Der Mensch erfährt das Heilige als das „totaliter aliter", als das „ganz andere", als den Kontrast zum Gewöhnlichen, zum Weltlichen, zum Normalen. Das Heilige ist eine Art „Urschauer" im Kreaturgefühl des Menschen, das transzendentale Erlebnis eines Jenseitigen, das als faszinierend und erhaben erfahren wird.

Nach dem Religionsphilosophen Mircea Eliade kann sich dieses „Heilige" auf verschiedene Weise vermitteln: als das Reine, Schöne, Unberührte, als psychisches Relaxing, als das Parapsychologische, als das Magische, als das Dämonische, als das Revolutionäre oder auch als das Tragisch-Erhabene. Das Heilige vermittelt sich auch durch Personen, vor allem durch solche, die die Normalität durchbrechen und eine faszinierende Erhabenheit ausstrahlen. Daher gibt es auch in der Welt das Phänomen regelrechter säkularer „Heiligsprechungen". Eine solche „Heiligsprechung" erfolgte 1997 infolge einer Massensuggestion an Lady Diana. Wir erinnern uns: Als die 36-jährige Prinzessin von Wales am 31. August 1997 in Paris nach einem Unfall starb, kam es weltweit zu einem Phänomen, das die Psychologen „Trauereuphorie" nennen. Ihre hohe Bekanntheit, das persönliche Engagement für Randgruppen und soziale Anliegen führten zu einem Effekt des Mitleids und der Solidarität, der jedes Maß sprengte.

Diana wurde zum Mythos, zum Idol der Güte und reinen Menschenfreundlichkeit. Die „Heiligsprechung“ war schließlich perfekt, als wenige Tage nach Dianas Unfalltod Mutter Teresa von Kalkutta starb, also eine wirkliche Heilige im Sinne der Kirche. Das wurde wie eine trostreiche Bestätigung aufgenommen – man erinnere sich an die suggestiven Fotos, die beide nebeneinander zeigten: zwei Heilige in trauter Eintracht. Als würde der Glanz von Lady Diana die Runzeligkeit von Mutter Teresa verschönern und die Christlichkeit Mutter Teresas die schmutzigen Flecken im Leben der unglücklichen Prinzessin reinwaschen. Ich durfte 1988 Mutter Teresa persönlich erleben. Sie war ein runzeliges Faltenweiblein. Lady Diana habe ich vergessen, und viele andere Menschen wohl auch. Aber zu Mutter Teresa bete ich jeden Tag nach der heiligen Messe. Sie ist wirklich im Himmel. Die Heiligkeit der heiligen entsteht nicht deshalb, weil jemand im Leben auf Erden beliebt ist, sondern weil jemand ganz in Gott lebt. Mutter Teresa hat das ausgestrahlt – bitte für uns! Für Lady Diana hingegen müssen wir beten, dass sie das wird, was sie zu sein vorgab.

40 – Sieben Landeplätze für Gottes Geist

Als Firmling hört man normalerweise von den Sieben Gaben des Heiligen Geistes. Sie werden auch in unseren

Pfingstliedern besungen. Was ist der Geist Gottes? Ich möchte es salopp formulieren: Das ist Gott, der aus seiner Ewigkeit und Fülle in unsere Endlichkeit und Leere herüberschwappt. Gottes Geist ist „Gott-zu-uns“; Gottes Geist ist „Gott-in-uns“. In uns soll der Heilige Geist mit diesen ominösen sieben Gaben wirken. Es ist eine lustige Geschichte, warum es ausgerechnet sieben Gaben sind. Das geht zurück auf den Propheten Jesaja, der 700 Jahre vor Christus ankündigte, dass der Geist Gottes auf dem Messias ruhen wird. Es heißt: „Der Geist des Herrn lässt sich nieder auf ihm: der Geist der Weisheit und der Einsicht, der Geist des Rates und der Stärke, der Geist der Erkenntnis und der Gottesfurcht.“ (Jesaja 11,2) Wenn man zählt, wird man erstaunt feststellen, dass es nur sechs Gaben sind. Ich habe hier die sogenannte Einheitsübersetzung verwendet, die sich an den hebräischen Urtext hält. Des Rätsels Lösung besteht darin, dass man bei der Übersetzung vom Hebräischen ins Griechische und dann ins Lateinische die Gabe namens „Gottesfurcht“ in zwei Gaben aufgesplittet hat: in „Frömmigkeit“ und „Gottesfurcht“. So waren es plötzlich sieben Gaben, was den Kirchenvätern und Mystikern ohnehin besser gefallen hat, weil sieben eine heilige Zahl ist. Den sieben Gaben des Geistes (Weisheit, Einsicht, Rat, Stärke, Erkenntnis, Frömmigkeit und Gottesfurcht)

stellte man dann auch gleich sieben Todsünden entgegen (Stolz, Geiz, Wollust, Neid, Völlerei, Zorn, Trägheit).
Ich muss hier beichten, dass ich mir die sieben Gaben des Heiligen Geistes nie wirklich gemerkt habe, auch nicht als Theologieprofessor. Sie sind mir viel zu abstrakt. Im Zusammenhang mit dem Heiligen Geist hat mir eine andere Siebenzahl immer viel mehr imponiert, nämlich die sieben „Landeplätze" des Heiligen Geistes, wie ein Prediger sie einmal volkstümlich genannt hat. Beim Gottesdienst will Gott ja ganz bei uns ankommen, darum brauchen wir auch die Bereitschaft, ihn ankommen zu lassen. Romano Guardini sagt, dass Liturgie ein „leibhaftes Spiel" ist, darum sind es auch „leibhafte" Orte, wo göttlicher Geist bei uns landen will. Die sieben Landeplätze für Gottes Geist sind: das Herz, die Zunge, die Füße, die Kleidung, die Ohren, die Knie und die Hände.
Zunächst zielt alles, was wir beim Gottesdienst tun, auf unsere innerste Mitte ab, auf das Herz. Paulus schreibt, dass Gottes Geist in unser Herz ausgegossen ist. Darum ruft der Priester ja bei jedem Gottesdienst den Gläubigen zu: „Erhebet die Herzen!" Im Lateinischen ist das sogar ein kurzer prägnanter Befehl: „Sursum corda!" – „Rauf mit den Herzen!" Die Gläubigen geben zwar brav die Antwort: „Wir haben sie beim Herrn", aber das ist mehr unbewusst als ehrlich … Gottes Geist muss daher auch in der Zunge

landen, das heißt: Wenn man Liturgie feiert, dann soll man auch das sagen, was man meint. Die Zunge soll nicht bloß rituelle Formeln herunterleiern, sondern mit dem Herzen übereinstimmen. Gottes Geist ist drittens auch in den Füßen: Schon wenn uns unsere Füße in die Kirche tragen, obwohl uns ein kleines Teufelchen einreden will, dass es besser sei, am Sonntag auszuschlafen.
Wer Gott tiefer begegnen will, der sollte auf seine Kleidung achten. Kleider machen Leute. Und Kleider versetzen uns in Stimmungen. Ich bin dafür, dass man sich für die Begegnung mit Gott schön macht, wir Priester tun es ja auch, indem wir uns für den Gottesdienst in feierliche Gewänder hüllen. Der schöne Sonntagsanzug, das feierliche Sonntagskleid versetzen uns auch innerlich in eine feierliche Stimmung. Gott begegnen ist eben doch etwas Besonderes.
Schließlich muss der Gottesgeist fünftens in den Ohren landen. Unser Gott ist ein sprechender Gott und er will gehört werden: in der Lesung, im Evangelium und auch in der Predigt. Es wäre schade, wenn die Gläubigen im Stand-By-Modus den Gottesdienst über sich ergehen lassen. Weil Gott sich so tief zu uns Menschen herablässt, darum sind sechstens auch unsere Knie ein göttlicher Landeplatz. Vor Gott niederzuknien macht uns Menschen nicht klein, sondern groß. Schließlich sind auch unsere Hände ein Ort,

durch den der Heilige Geist zu uns kommen will. Der Priester etwa richtet seine Hände wie eine Satellitenschüssel zum Himmel. Und die Gläubigen falten die Hände: Sie schließen die Fingerspitzen zusammen, um auszudrücken, dass unser ganzes Leben in Gott eingefaltet wird.

Auch für die sieben „Landeplätze" des Heiligen Geistes gilt, dass die Zahl sieben nur eine menschliche Erfindung ist, denn Gott meint ja den ganzen Menschen, mit all seinen Sinnen und Organen, von oben bis unten. Aber wenn jemand anfängt, sich bewusst mit Herz, Zunge, Füßen, Kleidung, Ohren, Knien und Händen für Gott zu öffnen, so ist das schon mal ein guter Anfang …

41 – Orte der Kraft

Unlängst war ich in einem Museum. Ich war erstaunt, wie ehrfürchtig sich die Menschen dort benommen haben. Flüsternd und schweigend trippelten sie auf Zehenspitzen von Bild zu Bild. Was für ein Unterschied zu dem, wie sich heute viele Menschen in unseren Kirchen benehmen. Da wird oft laut geredet und getratscht. Ist das in Ordnung? Ist uns bewusst, welch geistiger Schatz unsere Gotteshäuser sind? Als Papst Benedikt bei uns im Stift Heiligenkreuz war, hat er die Stifte und Klöster „Orte der Kraft" genannt. Ich finde es schade, dass diese Kraftorte so wenig genutzt werden.

Natürlich kann man überall zu Gott beten. Aber heute leben wir in einer lauten und schrillen Welt. Warum holen wir uns denn nicht ein Stück innerer, geistiger Kraft ab, indem wir uns einmal in Stille zum Gebet in eine Kirche setzen? Die meisten Kirchen sind auch untertags offen. Zehn Minuten stilles persönliches Gebet, das ist doch die beste Antistress- und Antidepressionstherapie, die es gibt. Gott hört immer! Und er hilft auch gerne. Unsere Kirchen und Klöster sind Orte, wo man sich sehr leicht und sehr intensiv mit Gott verbinden kann. Man könnte auch sagen: Man geht „online" mit Gott.

Sicher hat unser Erzbischof von Wien, Kardinal Christoph Schönborn, einen besonders sanften Charakter. Trotzdem habe ich ihn schon einmal äußerst zornig erleben müssen – oder besser gesagt: dürfen. Kardinal Schönborn hat die Pfarrer immer wieder gebeten, die Kirchen doch offen zu lassen, damit die Gläubigen auch untertags kommen können, um zu beten. Da wir glauben, dass Christus im Tabernakel gegenwärtig ist, soll es doch auch möglich sein, dass die Menschen auch außerhalb der Gottesdienstzeiten in die Kirche schlüpfen können, um dort in der Stille bei Gott aufzutanken. Auf einer Priestertagung kam der Kardinal zu spät und mit hochrotem Kopf. Was war passiert? Der Erzbischof hatte auf dem Weg zu der Sitzung mit seinem Wagen in drei Ortschaften angehalten, um jeweils die Pfarrkirche zu besuchen und zu beten. Doch er fand alle drei Kirchen fest verriegelt und verschlossen. Jetzt wurde der zornige Kardinal uns Priestern gegenüber sehr deutlich: Was nützt es, wenn wir unsere Kirchen um teures Geld restaurieren, sie dann aber nicht den Zweck erfüllen lassen, für den sie gebaut sind: uns bei Gott durchatmen zu lassen. Was nützt all der Aufwand für die festliche Gestaltung unserer Sonntagsgottesdienste, wenn wir den Menschen die Möglichkeit rauben, im Alltagsstress bei Gott aufzutanken?!

Besonders wichtig sind offene Kirchen in der Stadt, wo die Menschen noch schneller von Unrast und Hektik absorbiert werden. Die alten Römer hatten den Spruch: „Carpe diem!“ Das heißt wörtlich: „Pflücke den Tag!“ Sie haben nicht gesagt: „Nütze den Tag“ oder „Verwende den Tag“. Sie haben vom Pflücken gesprochen. Da steckt viel Romantik und Lebensgenuss drin. Eine offene Kirche ist wie eine Einladung: „Carpe Deum!“, also „Pflücke Gott!“ Man muss gar nichts Kompliziertes machen, wenn man untertags in einer Kirche einkehrt: hinsetzen, still werden, die Gedanken fliegen lassen. Es genügt ein Augenblick der Konzentration, wo ich mir bewusst mache: Gott ist da! Und vielleicht fällt einem dann ein Gebet ein, oder auch jemand, für den man beten sollte. Die Begegnung mit Gott ist für uns Christen immer unkompliziert, weil er immer schon da ist, weil er immer bereit ist, die Initiative zu ergreifen – wenn wir ihn nur lassen. Unsere geweihten Kirchen sind heilige Orte, wo man neue Kraft schöpfen kann.

42 – „Drive-In“ und heilige Messe

Ich gestehe, dass ich ab und zu ganz gerne in eine dieser „Fast-Food-Ketten“ essen gehe. Natürlich weiß ich, dass dieses Essen nicht gesund ist, dass diese Form des Essens stillos ist und für den immensen Kulturverfall steht, der über den Atlantik in unser Altes Europa geschwappt ist … Aber was soll ich machen, es schmeckt mir eben. Besonders interessant ist ja, dass man dort die Nahrung auch im Vorbeifahren mitnehmen kann. Das „Drive-In“ liegt mir zwar nicht so, ich gehe lieber in das Lokal hinein. Ich stelle mich lieber an, meist einigermaßen angestaunt von den Kindern, die Priester, Mönche und Nonnen zwar aus Film und Fernsehen kennen, unsereins aber doch meist noch nie „in echt“ gesehen haben. Es ist aber ganz gut, wenn jemand aus der Kirche an solchen Orten moderner Lebens(un)kultur auch anwesend wird.

Das „Drive-In“ geht wie beim Tanken: Man fährt am Schalter vorbei, lässt das Seitenfenster hinunter, spricht seine

Bestellung in die Sprechanlage, fährt einige Meter weiter und erhält dann eine Tüte mit dem Bestellten ins Auto gereicht. Diese Fast-Food-Restaurants sind wahre Nahrungstankanlagen.

Alle um den Verfall unserer Essenskultur besorgten LeserInnen möchte ich um Entschuldigung bitten, aber ich möchte das Ganze vergleichen mit dem, was wir Christen jeden Sonntag bei der heiligen Messe tun: Wir tanken Kraft für unser Leben auf. In vergangenen Jahrhunderten, wo die Menschen oft weite Wegstrecken zu Fuß gegangen sind, um die Sonntagsmesse zu besuchen, hat man sich nachher im Gasthaus zusammengesetzt, um sich für den Rückweg zu stärken. Und weil sich zur Messe immer viele Leute versammelt haben, hat man gleich danach Verkaufsmärkte abgehalten. So ist dann das Wort aus dem Christlichen abgewandert und hat sich verselbstständigt. „Messe“ bezeichnet heute riesige Verkaufsausstellungen. Freilich hat man bei dieser Abwanderung des Begriffes in den weltlichen Bereich mit Recht das Eigenschaftswort „heilig“ weggelassen …

Woher kommt das Wort „Messe“? Früher, als die Messe lateinisch war, hat der Priester die Leute mit dem Ruf entlassen: „Ite, missa est!“ Wegen dieses letzten Wortes: „Missa est“ hat man dann den ganzen Gottesdienst als „Messe“ bezeichnet. Aber die deutsche Übersetzung ist nicht gut gelungen: Da heißt es: „Gehet hin in Frieden." Das klingt so fad. Wörtlich übersetzt ist „Ite" ein kraftvoller Befehl: „So geht doch endlich!", „Brecht auf!", Österreichisch könnte man sagen: „Schaut, dass ihr weiterkommt!" Und „Missa est" heißt: „Es ist Sendung!", „Ihr seid gesandt!" Jede Messe ist also eine Sendungsfeier. Wir empfangen den Herrn selbst, der uns ins Leben hinaus begleiten will. Darum heißt es am Schluss so energisch: „Raus mit euch aus der Kirche, jetzt erfüllt eure Sendung und zeigt dieser Welt, dass Gott sie liebt!"

7. GEMEINSCHAFT MACHT STARK

43 – Krank und verzagt

Kranksein ist ein Teil unseres Lebens. Ich erinnere mich noch gut, wie ich von einer schweren Grippe erwischt wurde. Und das ausgerechnet in jenen Tagen des Jahres 2008, als plötzlich die Meldung kam, dass Papst Benedikt XVI. das Stift Heiligenkreuz besuchen wolle. Seit der Gründung des Stiftes im Jahre 1133 hatte noch nie, wirklich noch nie ein Papst das Kloster besucht. Die Meldung schlug wie eine Bombe bei den Medien ein: Das Zimmertelefon schrillte ununterbrochen, das Handy klingelte – und ich lag mit hohem Fieber im Bett und mein Kopf dröhnte furchtbar … Der Infirmar, also jener Mitbruder, der für die Kranken zuständig ist, hat mir dann das Handy weggenommen und das Telefon ausgesteckt: „Es muss auch ohne dich gehen!"
Wer krank ist, der fällt plötzlich aus dem normalen Leben heraus in eine Art Niemandsland. Für jemanden wie mich, der immer auf Tour ist und dauernd arbeitet und organisiert, ist das eine wirklich schlimme Erfahrung. Eine Demütigung. Man muss Termine absagen, man muss sich von anderen pflegen lassen.
Und plötzlich hatte ich auch das Gefühl, anderen zur Last zu fallen. Ich weiß, dass viele ältere Menschen Angst davor

haben, ihre Kinder und Enkelkinder mit ihrem Alt- und Kranksein zu belasten. In den wenigsten Fällen ist diese Angst aber berechtigt. Die Sorge um die Alten und Kranken ist eine menschliche Tugend und eine der wichtigsten Pflichten eines Christen. Jesus sagt: „Was ihr für einen meiner geringsten Brüder getan habt, das habt ihr mir getan." (Matthäusevangelium 25,40) Meine Hochachtung an alle, die Kranke pflegen! Leicht ist eine solche Arbeit wirklich nicht. Ich hatte das Glück, dass sich meine Mitbrüder im Kloster ganz lieb um mich gekümmert haben.
Und so hatte das Kranksein einen Sinn. Ich habe vom Kranksein gelernt, dass im Leben eigentlich nur zwei Dinge wirklich wichtig sind: die Menschen, die uns lieben, und der liebe Gott, der uns jeden Tag durchs Leben trägt.

44 – Plaudern

In unserer Sprache liegt eine ungeheure Macht. Mit Worten kann man die Welt bewegen. Mit Worten kann man aufbauen und zerstören, helfen und vernichten, Liebe verbreiten oder Hass. Sprache kann trennen und Sprache kann verbinden. Sprache ist nicht nur Kommunikation, sondern auch „Kommunion" im ursprünglichsten Sinn, also „Gemeinschaft". Jeder kann das leicht an sich selbst feststellen: Wenn man längere Zeit mit jemandem nicht gesprochen hat, tritt eine Abkühlung und Distanzierung ein. Sprechen ist die Brücke von Mensch zu Mensch, von Herz zu Herz. Natürlich kommt es dabei darauf an, wie man spricht und worüber man spricht. In meinem Kloster gibt es den Brauch, dass wir uns jeden Abend nach dem Abendessen zu einer sogenannten „Rekreation" zusammenfinden. „Rekreation" kommt vom lateinischen „re-creare" und müsste wörtlich mit „wieder-schöpfen" bzw. „neuschöpfen" übersetzt werden. Normalerweise gibt man es aber mit „Erholung" wieder. In dieser Dreiviertelstunde zwischen dem Abendessen und dem letzten Gebet sitzen wir einfach zwanglos zusammen und reden miteinander. Den ganzen Tag über sind wir zwar nebeneinander beim Chorgebet gestanden, aber da waren wir auf Gott konzentriert; dann sind wir unserer Arbeit nachgegangen, aber da waren wir auf die uns aufgetragenen Tätigkeiten konzentriert. Bei dieser Rekreation geht es um die Gemeinschaft, um das Miteinander, um den Austausch, um die „Re-Kreation", die Neuschöpfung dieses Zusammenseins.

Unsere Sprache kennt ein schönes Wort für dieses zwanglose Miteinander-Reden: „plaudern" oder „tratschen". Das „Tratschen" hat freilich meist einen leicht negativen Beigeschmack. Wenn man „tratscht", dann redet man Negatives oder ist indiskret im Weitergeben von Informationen.

„Plaudern" ist neutraler, positiver. Beim Plaudern habe ich keine Absichten, ich will mich durch mein Reden nicht „präsentieren", ich will meinen Gesprächspartner nicht überzeugen, nicht manipulieren. Es ist ein absichtsloses und zweckfreies Sich-Austauschen. Zum Plaudern gehört auch, dass ich etwas von mir preisgebe, dass ich mich mitteile. Das ist ja ohnehin bei jeder Form von Kommunikation so: Daran, wie ich rede, erkennt der andere, wie ich bin. Sprechen ist immer Selbstpreisgabe. Darum ist das Plaudern immer auch eine Form von Vertrauen und Anvertrauen. Ich erzähle etwas von mir, ich tausche mich aus – und ich vertraue darauf, dass ich nicht verkauft und verraten werde.

Das Miteinander-Reden hat die Macht, Gemeinschaft zu bilden. Darum müssen wir wieder lernen, miteinander zu plaudern. Facebook und Twitter halte ich für positive Erfindungen, aber die elektronische Kommunikation kann den Austausch von Mund zu Ohr und von Herz zu Herz nicht ersetzen. In einer Zeit, wo alles immer anonymer wird, müssen wir Christen gegensteuern und uns füreinander interessieren. Und das zwanglose Plaudern ist ein kleines, aber feines Mittel, um Gemeinschaft zu bilden. Wie sagt man so schön auf Österreichisch: „Durchs Reden kommen die Leut' z'samm'!"

45 – Einsamkeit lindern

Die schwerste Form von Bestrafung, die der Strafvollzug kennt, ist die Isolationshaft. Wenn jemand in die Einsamkeit hinein abgeschieden wird, dann ist das wirklich eine Strafe, denn wir Menschen sind Gemeinschaftswesen, wir sind nicht dafür geschaffen, völlig allein und einsam zu leben. Im 2. Kapitel des Buches Genesis lesen wir, dass Gott dem Adam, dem ersten Menschen, alles schenkt, was nur das Herz begehrt: einen wunderbaren Garten mit herrlichen Früchten; dazu alle Tiere und Lebewesen, die Adam sogar benennen darf. Und doch bleibt er unglücklich, bis Gott endlich die Frau schafft. Adam kommt übrigens von „adamah", „Erde"; und „Eva" heißt „Leben". Erst mit Eva kommt wirkliches „Leben" im Sinn von Glück und Erfülltheit in den Erdling Adam: „Das endlich ist Bein von meinem Bein und Fleisch von meinem Fleisch!", jauchzt er der Frau entgegen.

Wehe, wenn man einsam ist. Das Leben ist doch nur wirklich schön, wenn man es mit anderen teilen kann: Ehepartner, Familie, Verwandtschaft, Freunde … das brauchen wir, weil wir auf das Du und das Wir hin angelegt sind.

Und doch gibt es so viel Einsamkeit. Unsere Kultur wird ja auch zusehends zu einer Single-Kultur, weil wir uns die neue Freiheit und Individualität um den Preis wachsender

Einsamkeit erkaufen. Man kann zwar versuchen, sich mit heroischem Pathos gegen den Schmerz der Einsamkeit zu immunisieren. Schopenhauer etwa hat den Spruch getätigt: „Einsamkeit ist das Los aller hervorragenden Geister." Oder man kann sich in eine gewisse Arroganz flüchten: „Spatzen fliegen im Schwarm, der Adler fliegt allein." Oder auch: „Gesellschaft braucht der Tor und Einsamkeit der Weise." Das sind aber ziemlich hilflose Versuche, um sich über das Leiden am Alleinsein hinwegzutrösten. Leiden am Einsamsein gibt es in allen Altersschichten und Lebenssituationen, vor allem aber in der älteren Generation. Darum möchte ich dazu aufrufen, dass wir alles tun, um die Einsamkeit der Einsamen zu lindern. Nachdem es keine Großfamilien mehr gibt, wo drei oder vier Generationen unter einem Dach wohnen, vereinsamen alte Menschen heute viel stärker als früher. Ich plädiere für häufige gegenseitige Besuche. Zwar gibt es für die Generation „Fünfzig Plus", wie man die Senioren heute nennt, viele Ablenkungsmöglichkeiten, der Schmerz der Einsamkeit wird aber doch am meisten dann gelindert, wenn man mit Menschen zusammen ist, die einem nahestehen. Das gibt den Einsamen Kraft.

46 – Geiz ist gar nicht geil

Geiz ist eine der sieben Todsünden. Sie kennen vielleicht den Witz, wo die fromme Ehefrau eines Sonntags krank darniederliegt und nicht in die Kirche gehen kann. Sie schickt aber ihren Mann. Als der zurückkommt, fragt sie ihn: Worüber hat denn der Herr Pfarrer gepredigt? Der Ehemann kurzangebunden: Über die Sünde. Sie: Und was hat er gesagt? Er: Er war dagegen!

Ja, so einfach ist das mit den Sünden für uns Christen: Wir sind dagegen! Wenn es eine Sünde gibt, gegen die wir ganz besonders sein müssen, dann ist es der Geiz. Er widerspricht nämlich diametral dem Wesen des Christentums, das darin besteht, dass uns eine Welt eröffnet ist, die jenseits vom Diesseits liegt. Konkret: Der springende Punkt des Christentums ist die Hoffnung auf Auferstehung, auf Ewigkeit, auf erfüllende Seligkeit. Darum sehen wir alles Irdische aus einer lockeren Perspektive: Wir müssen hier nicht die Superbesten, die Superschönsten, die Superreichsten sein, weil uns etwas viel Größeres erwartet. Weg mit dem dummen Vorwurf von Marx und Lenin, dass Religion das Volk wie Opium betäube und auf ein imaginäres Wolkenkuckucksheim vertröste. Die eigentlichen Opiumdealer in der Geschichte der letzten Jahrhunderte waren Marx und Lenin selbst mit ihrer utopischen Idee von einem irdischen Paradies. Für diese Ideologie haben staatskommunistische Regime auf hässlichste Weise über Jahrzehnte Menschen unterdrückt, bespitzelt, terrorisiert und getötet. Die Idee von einer geizlosen Gesellschaft, wo alles gerecht verteilt ist, war ja in sich „schön", ihre Umsetzung aber war nicht nur hässlich, sondern sie war abscheulich und abgrundtief böse.

Dem Trieb der menschlichen Gier können wir nur widerstehen, wenn wir die Hoffnung auf eine Erfüllung, ja eine Übererfüllung durch Gott haben. Der christliche Glaube ist daher an sich das beste Antigeizprogramm, das es gibt. Jesus wird im Evangelium auch ziemlich deutlich: „Eher geht ein Kamel durch ein Nadelöhr, als dass ein Reicher in das Reich Gottes gelangt." (Markusevangelium 10,25)

Geiz ist eine Sünde. Geiz ist nicht geil. Geiz ist eine Erkrankung der Seele, die sich dadurch ganz auf den Boden biegt und am Irdischen haftet. „Besitzen" ist ja ein interessantes Wort. „Be-sitzen" kann man nur, solange man „sitzen" kann. Was ist, wenn man auf dem Sterbebett liegt? Dann muss man definitiv und endgültig loslassen. Wer geizig ist, der betoniert sich selbst in der Vergänglichkeit ein und versenkt sich im Grab der Endlichkeit. Das Gegenteil von Geiz ist Großzügigkeit, Freigebigkeit. Wir müssen im Umgang mit den Dingen dieser Welt locker und leicht werden, damit sich unser Geist zum Himmel erheben kann. Ob wir wollen oder nicht. Die Sterblichkeitsrate liegt in allen Bevölkerungsschichten bei hundert Prozent. Das Leben ist uns gegeben, damit wir lernen, es hinzugeben. Leben bedeutet ein beständiges Loslassen: Loslassen von Zeit, erworbenem Besitz, Ansehen und Ehre. Gieren und Raffen kommen bei jedem Menschen sicher an ein Ende. Wenn der letzte Atemzug getan ist, kann von dem Irdischen nichts mehr festgehalten werden. Daher lehrt die christliche Spiritualität, dass wir uns in diese Haltung des Loslassens einüben sollen.

Mir persönlich hat immer die folgende Erzählung geholfen, den ungeilen Geiz im Herzen niederzukämpfen: Als ein sehr reicher Mann in den Himmel kommt, findet er ein opulentes Buffet mit den allerköstlichsten Speisen vor. Er freut sich, als er sieht, dass jede erlesene Spezialität nur einen Cent kostet. „Wie gut, dass ich so reich bin!", sagt er zu dem Engel, der am Himmelsbuffet bedient. „Sie irren sich", antwortet dieser: „Hier im Himmel kann man nur mit dem bezahlen, was man im irdischen Leben verschenkt hat."

47 – Balken und Splitter

Wir lieben es heute, „kritisch" mit allen und jedem umzugehen. Es ist okay, wenn man ein Gefühl dafür entwickelt,

wo es Fehler und Probleme gibt. Zugleich aber sind wir doch irgendwie in Gefahr, zu einer Generation von frustrierten Jammerern und Raunzern zu werden. Darum finde ich das Wort, das Jesus einmal zu seinen Hörern spricht, sehr hilfreich. Er sagt: „Warum siehst du den Splitter im Auge deines Bruders, aber den Balken in deinem Auge bemerkst du nicht? Wie kannst du zu deinem Bruder sagen: Lass mich den Splitter aus deinem Auge herausziehen! – und dabei steckt in deinem Auge ein Balken? Du Heuchler! Zieh zuerst den Balken aus deinem Auge, dann kannst du versuchen, den Splitter aus dem Auge deines Bruders herauszuziehen." (Matthäusevangelium 7,3–5)
Ich denke, dass er diese Worte mit ziemlicher Empörung gesprochen hat. Jesus war ja kein Softie. Jesus gibt uns bei diesem Balken-Splitter-Gleichnis eine verbale Ohrfeige. Und mit dem „Heuchler" meint er mich. Die Evangelien kann man nur sinnvoll und lebensverändernd lesen, wenn man sie auf sich selbst bezieht: Jesus meint immer mich. Er ist deshalb so scharf, weil unsere Wahrnehmungsperspektive verbogen ist. Seine Mahnungen sind eine Therapie. Wir alle kennen solche Leute, die stark sind im Austeilen und schwach im Einstecken. Das sind die, die bei allem und jedem ein Haar in der Suppe finden, die immer genau wissen, was „die anderen" falsch machen. Aber ihre eigenen Fehler,

die sehen sie nicht. Aber es soll ja nicht wieder um „die anderen" gehen, sondern um mich. Ich muss mich also fragen, ob ich nicht selbst zu dieser Kategorie von Menschen gehöre, die gerne kritisieren, ohne gerne kritisiert werden zu wollen. Warum sind wir solche Mimosen im Kritisiertwerden und so blind gegenüber eigenen Schwächen und Fehlern? Weil wir keine Sündenvergebung mehr kennen oder nicht mehr wirklich daran glauben, dass ein Gott uns das wegnimmt, was dunkel und falsch an uns ist. Wenn es aber keine Vergebung der Sünden gibt, dann muss ich mir das Schiefe und Krumme in meinem Leben selbst ausreden …

Für mich ist dieses Jesuswort eine direkte Einladung, das „Büßen" hochzuschätzen. Am Beginn jeder heiligen Messe machen wir Katholiken ja einen sogenannten Bußakt. Und für die Sündenvergebung gibt es ein eigenes Sakrament, die Beichte. Die Kirche ist in der heutigen Gesellschaft der einzige Ort, wo man sich selbst entlasten kann, indem man sich nicht als groß und toll und perfekt hinstellt, sondern indem man bekennt: „Ich habe gesündigt in Gedanken, Worten und Werken, durch meine Schuld, durch meine Schuld, durch meine große Schuld." Jesus sagt: Ja, du darfst und du sollst kritisch sein – aber zuerst einmal kritisch gegenüber dir selbst. Kehr zuerst einmal den Dreck vor deiner eigenen Türe. Im Eingeständnis der eigenen Fehler breche ich wie durch eine Nebelwand hindurch. Ich lasse mir von Gott das Brett von meinem eigenen Kopf wegnehmen und sehe plötzlich, dass die anderen ja nur winzige Splitter im Auge haben. Dann wird mir klar, dass die anderen gar nicht so schlecht sind, wie ich mir eingebildet habe.

48 – Grüßen

Gott sei Dank haben wir im Kloster kein Fernsehen. Fernsehen absorbiert Zeit und vernichtet Kreativität. Wenn ich manchmal auf Vortragsreisen auch in Hotels untergebracht werde, nütze ich die Zeit, um schnell mal durch die Programme zu zappen. Das bestätigt mir dann meist sehr schnell, dass ich nichts versäume. Und ich mache da so manche Beobachtungen. Zum Beispiel, dass in den Fernsehserien, vor allem in den amerikanischen, das Grüßen ausstirbt. Die Leute betreten einen Raum und sagen gerade mal „Hi". Es gibt keinen wirklichen Gruß mehr, kein Händeschütteln, kein richtiges Kontaktaufnehmen, zu dem ja das Grüßen dient.
Meine Eltern haben einen Lebensmittelmarkt in einem kleinen niederösterreichischen Dorf an der Grenze zum Burgenland. Das Erste, woran ich mich erinnere, das mir als Kind beigebracht wurde, war: Beim Betreten des Ge-

schäftes hast du zu grüßen! So war es für mich selbstverständlich, mit einem lauten „Grüß Gott!“ Räume zu betreten, wo sich andere Personen aufhalten. Und genauso selbstverständlich war es, dass man sich auf der Straße grüßt. Klar, in dem kleinen Dorf kannte jeder jeden.

Natürlich war in der Stadt schon immer alles anders, weil man sich dort ja nur in den seltensten Fällen persönlich kennt. Für mich als Landkind war die Anonymität der Massen, die einen in der Stadt umfluten, immer etwas Unbehagliches. Das stiere Aneinander-Vorbeisehen, das grußlose Aneinander-Vorbeilaufen, das desinteressierte Ich-gehe-meinen-Weg-und-du-bist-mir-egal war anfangs gewöhnungsbedürftig.

Das Grüßen ist ein hoher menschlicher Wert, der nicht aussterben darf. Und als Christ muss ich sowieso dafür plädieren, dass solche liebevollen Kulturformen der Kommunikation erhalten bleiben, denn die Bibel ist voll von Szenen, wo sogar Gott den Menschen grüßt oder grüßen lässt. Das Neue Testament und damit die Heilsgeschichte der Erlösung beginnt mit dem Gruß eines Boten Gottes an einen Menschen: „Sei gegrüßt, du Begnadete, der Herr ist mit dir.“ (Lukasevangelium 1,28)

49 – In die Augen schauen

In den 1990er Jahren war ich Landpfarrer in der Pfarre Sulz im Wienerwald, einer Gemeinde, die schon seit Jahrhunderten vom Stift Heiligenkreuz betreut wird. Meine größte Freude war es, jede Woche am Montag am späten Nachmittag die Kindermesse zu halten. Der liebe Gott hat mir selbst ein kindliches Gemüt geschenkt, und so machte es mir einfach unendliche Freude, mit den Kindern zu beten und zu singen. Natürlich war die Kindermesse auch immer eine Herausforderung, denn es galt den Gottesdienst so zu gestalten, dass die 30 bis 50 Kinder, die jedes Mal kamen, auch wirklich bei der Sache blieben. Bei der Predigt versuchte ich auf spannende Weise das Evangelium nachzuerzählen, mit vielen Rückfragen, und oft haben wir es auch spontan mit den Kindern nachgespielt. Ich erinnere mich noch gut, was mir damals die größte Freude gemacht hat: Das waren die weit aufgerissenen Augen der Kinder, die fasziniert dem Wort Gottes lauschten. Mir war klar: Wenn bei den Kindern die Augen offen sind, dann ist es auch ihre Seele.

Auch wenn wir Erwachsene nicht mehr so helle und strahlende Augen haben wie die Kinder, so gilt doch auch für uns: Die Augen sind das Tor zur Seele. Darum hat der Blickkontakt durch die Augen eine wichtige soziale Funktion. Durch Augenkontakt kommunizieren wir, stellen wir Brücken zu anderen Menschen her. Bei der Kindermesse haben wir oft ein kleines Lied gesungen, das ungefähr so geht: „Von Mensch zu Mensch eine Brücke bauen, dem anderen in die Augen schauen, in jedem Menschen Jesus sehen und nicht an ihm vorübergehen." Dabei haben die Kinder ihre Hände aneinandergehalten, um eine Brücke anzudeuten. Und bei dem Vers „dem anderen in die Augen schauen" haben sie ihrem Nachbarn demonstrativ in die Augen geschaut.

Wenn man Gemeinschaft haben will, dann muss man hinschauen, nicht wegschauen. Wenn ich Menschen die Hand gebe, dann bin ich enttäuscht, weil viele einem nicht mehr in die Augen schauen. Bei der Vorbereitung von Brautleuten auf die Hochzeit empfehle ich immer, dass sich ein Ehepaar zumindest einmal am Tag bewusst in die Augen schauen sollte. Für jung Verliebte klingt „einmal" nach lächerlich wenig. Aber Hand aufs Herz: Wann haben Sie das letzte Mal jemandem bewusst tief in die Augen geschaut? Wegschauen ist Desinteresse, kann sogar Verachtung ausdrücken. Das Anschauen ist aber auch ein Zeichen der Liebe: Wenn zwei verliebt sind, dann genügt es ihnen, sich – oft minutenlang – in die Augen zu schauen. Das rate ich übrigens auch älteren Ehepaaren immer wieder: Entfacht

eure Liebe neu, indem ihr euch wieder einmal verliebt in die Augen schaut.
In der Kirche brauchen wir das auch. Bei uns gibt es ja vor der heiligen Kommunion den Friedensgruß. Da schüttelt man seinem Nachbarn die Hand: „Der Friede sei mit dir!" Es wäre schade, wenn dieses Symbol der Offenheit und Liebe zu einem oberflächlichen „Shakehands" verkommt. Es wäre schade, wenn man dabei nicht den offenen Blick in die Augen des anderen sucht! Das In-die-Augen-Schauen kann man trainieren. Freilich soll es kein unangenehmes Anstarren sein, das wäre das Gegenteil von liebevoller Kontaktaufnahme. Aber wie man es richtig macht, das ist jedem von uns angeboren, da kann man nicht viel falsch machen. Versuchen Sie mal den Menschen, denen Sie die Hand geben, oder den Lieben, die um Sie herum sind, in die Augen zu schauen. Denn wenn unsere Augen leuchten, dann wird auch unsere Seele hell.

Der Autor

Seit bald 30 Jahren ist er Mönch im Stift Heiligenkreuz. Doch wer glaubt, dass Pater Karl Wallner durch den strengen klösterlichen Rhythmus von Gebet und Arbeit weltfremd geworden sei, der ist auf dem Holzweg. Seine vielen Aufgaben sind ein „Fulltime-Job“: Er ist Hochschulprofessor und Jugendseelsorger, erfolgreicher PR-Chef des Klosters und Bestsellerautor. Pater Karl weiß, wie schwer es ist, innerlich ausgeglichen zu sein und ruhig zu werden. Mit diesem Buch möchte er jenen helfen, die sich täglich eine kurze Auszeit wünschen. Seine „sieben mal sieben Gedanken“ regen zum Nachdenken an; seine spirituellen Impulse geben Mut zum Innehalten. Pater Karl lädt ein, sich auf Momente des Miteinanders zu besinnen und die Kraft der christlichen Rituale zu entdecken. Ein Begleiter für jede Jahreszeit, für alle auf der Suche nach einer täglichen Kraftquelle.

Pater Karl Wallner, geboren 1963 in Wien, ist seit 1982 Zisterzienser-Mönch in Stift Heiligenkreuz im Wienerwald. Er ist Professor für Dogmatik und Sakramententheologie der Hochschule Heiligenkreuz, der er auch als Rektor vorsteht. Er ist Jugend- und Studentenseelsorger in Heiligenkreuz und Autor zahlreicher erfolgreicher Bücher. Zuletzt erschienen: „Faszination Kloster“ (2011), „Wie ist Gott?“ (2010), „Licht einer stillen Welt“ (2010), „Der Gesang der Mönche“ (2009), „Wer glaubt wird selig“ (2009)

Abt Gregor Henckel Donnersmarck

Wandelnde Zebrastreifen
Anekdoten aus dem Klosterleben

Mit Illuminationen aus einem Glossar
von Pater Samuel Rindt

ISBN 978 3 7017 3163 3

Kann Klosterleben komisch sein? Abt Gregor Henckel Donnersmarck von Stift Heiligenkreuz, dessen Chor mit seinen gregorianischen Gesängen die internationalen Musikcharts eroberte, tritt mit dieser Anekdotensammlung den Beweis an: Gerade im geheiligten Tagesrhythmus von Gebet und Arbeit ist sehr wohl Platz für die heiteren Seiten des Lebens.
In einem ABC des klösterlichen Alltags zeigt Abt Gregor mit Augenzwinkern, wie sich die Mönche den zwischenmenschlichen Herausforderungen des Gemeinschaftslebens stellen: Von A wie Armutsgelübde über H wie Himmelsboten, M wie Midlife Crisis und N wie Nächtliches Treiben, bis U wie Unmoralisches Angebot und V wie Verdächtige Stille plaudert der Herr Abt amüsante Interna aus dem Klosterleben aus – wie sie sich zugetragen haben und wie sie sich zugetragen haben könnten.
Seine schelmischen Mönchsgeschichten aus dem Kloster Heiligenkreuz sind eine vergnügliche Lektüre für Jung und Alt, Skeptiker und Fromme, Schwestern und Brüder.

Eine Sammlung aus Selbsterlebtem, mündlich Überliefertem und gut Erfundenem.
Radio Stephansdom

Abt Gregor Henckel Donnersmarck
im Gespräch mit Judith Grohmann

Ora @ labora
Über Gott und die Welt und das
Paradies auf Erden

ISBN 978 3 7017 3161 9

Im Kloster wird die einfache Grundregel des heiligen Benedikt befolgt: „Bete und arbeite!" Sind Mönche deshalb glücklicher? Ist der Abt nicht auch als Krisenmanager gefordert? Abt Gregor Henckel Donnersmarck, der vor seiner Berufung eine Karriere in der Wirtschaft absolvierte, berichtet, wie er und seine Gemeinschaft in Stift Heiligenkreuz mit Problemen, die das tägliche Leben aufwirft, umgehen. Ausgehend von den drei göttlichen Tugenden Glaube, Hoffnung, Liebe, untermauert von den vier Kardinaltugenden Tapferkeit, Klugheit, Maß, Gerechtigkeit, macht Abt Gregor vor dem Hintergrund seiner eigenen Erfahrung deutlich, weshalb Religion, Spiritualität und Werte gerade in Zeiten der Krise Kraftquellen sind.

... ein wortmächtiger Wegweiser durch die Weltkrise.
News

Ein sprachlich glänzend formuliertes Buch, ein spirituelles Abenteuer für Leser ...
Kärntner Tageszeitung

Bibliografische Information der Deutschen Bibliothek
Die Deutsche Bibliothek verzeichnet diese Publikation in der Deutschen Nationalbibliografie; detaillierte bibliografische Daten sind im Internet über http://dnb.d-nb.de abrufbar.

www.residenzverlag.at

Umschlaggestaltung, grafische Gestaltung/Satz: Matthias Mendietta
Umschlagbild: plainpicture
Schrift: Minio Pro
Gesamtherstellung: CPI Moravia

ISBN 978-3-7017-1577-0